Helga Föger

Der Mond 2022

Das Jahrbuch

HEYNE

Inhalt

Liebe Leserinnen und Leser!

In der vierten Märzwoche beginnt die Regentschaft Jupiters. Dann genügt es uns nicht mehr, wie unter dem Einfluss Saturns, vor allem abzusichern, was wir erreicht haben. Jetzt setzt eine Suche nach Höherem, nach neuen Perspektiven und Werten ein. Oft dient sie auch der Wahrheitsfindung. Wir werden dabei von großem Idealismus geradezu vorangetrieben, sehen besonders die Sonnenseiten des Lebens, amüsieren uns gern. Zudem kommt eine frische Aufgeschlossenheit Neuem und Fremdem (aber auch Ideologien und Religionen) gegenüber ins Spiel. Um sich wohlzufühlen, ist man auch vermehrt zu anderen großzügig, bietet Hilfe an …

Die Vorteile scheinen klar: Wir interessieren uns wieder mehr für die Vielfalt des Lebens, nehmen verschiedene Blickwinkel ein und machen so wertvolle Erfahrungen, die letztlich unser Selbstvertrauen stärken werden.

Die Gefahr auf diesem Weg ist allerdings eine permanente Neigung zum Übermaß. Das kann in Selbstherrlichkeit und Arroganz münden, aber auch in Verschwendungssucht und Bedenkenlosigkeit ausarten, was uns sehr stark angreifbar sowie verletzlich macht.

Das Gebot des Jahres lautet also: Antennen ausfahren, aufmerksam bleiben sich selbst und den anderen gegenüber, aber kritisch genug abwägen, ob dabei nicht auch Grenzen überschritten oder zu hohe Risiken eingegangen werden!

Eine sichere Hand dabei wünscht Ihnen
Ihre Helga Föger

Die vier Phasen des Mondes

Phasen und Qualitäten des Mondes

Insgesamt sind es sieben Grundimpulse, über die sich die Wirkung des Mondes auf das irdische Leben mitteilt:

- Die vier verschiedenen Mondphasen
- Der Stand des Mondes in den verschiedenen Tierkreiszeichen
- Der aufsteigende und absteigende Mond.

Der Neumond

Wenn die der Erde zugewandte Seite des Mondes fast völlig verdunkelt ist, spricht man vom Neumond. Der Erdbegleiter steht dann für zwei bis drei Tage ziemlich genau zwischen Erde und Sonne. Man nennt diese Konstellation auch Konjunktion. Dabei tritt der Fall ein, dass der Mond während dieser Phase in demselben Tierkreiszeichen steht wie die Sonne.
Bei Neumond wirken kräftige Impulse auf Mensch und Natur. Man kann sie als Kräfte der Neuorientierung, des Beginnens bezeichnen. Die konzentrierten Energien sind frisch und ursprünglich, regen dazu an, Vorhaben zu planen, die in der Folge wachsen und reifen sollen.

Natur In der Natur kündigen die Impulse des Neumondes Beginnendes an. Die Erde fängt an auszuatmen, die Säfte regen sich. Wer jetzt kranke Bäume oder Pflanzen zurückschneidet, kann erleben, wie sie sich zusehends erholen und regenerieren.

Körper Für den menschlichen und tierischen Organismus verstärken die Neumondimpulse die Fähigkeit zur Entgiftung und Entschlackung. Zu keiner anderen Zeit ist die Wirksamkeit einer Fastenpause so hoch. Günstig ist die Neumondphase auch, um damit zu beginnen, ungesunde Gewohnheiten aufzugeben, wie etwa das Rauchen oder übermäßigen Alkoholkonsum.

Auf chirurgische Eingriffe sollte man nach Möglichkeit während der kurzen Phase des Neumondes verzichten.

Der zunehmende Mond

Sobald nach dem Neumond die schmale, nach links geöffnete Mondsichel zu erkennen ist, beginnt die Phase des zunehmenden Mondes. Von den Astronomen wird sie in zwei Abschnitte eingeteilt – in das erste und zweite Viertel.
Während des ersten Viertels nähert sich der Mond der Erde, bis er ihr nach wenig mehr als sieben Tagen als Halbmond am nächsten ist.
Dann kreuzt er die Umlaufbahn der Erde um die Sonne und entfernt sich wieder von uns, um, immer weiter an Leuchtkraft zunehmend, nach etwa 14 Tagen das zweite Viertel zu vollenden und schließlich das Vollmondstadium zu erreichen.
In der Phase des zunehmenden Mondes steht alles im Zeichen der Aufnahme und des Wachsens. Die Energien werden aufgenommen und gespeichert.

Natur In der Natur dominiert das oberirdische Wachstum, die Säfte steigen nach oben. Jetzt ist die günstigste Zeit für die Aussaat und das Pflanzen von allem, was nach oben wächst und Früchte trägt, also für Blattgemüse, Obst und Blumen.

Körper Der Körper kann in der Zeit des zunehmenden Mondes alles, was ihm an Kräftigendem, Aufbauendem, Heilendem zugeführt wird, besonders gut aufnehmen, speichern und verwerten. Seine Selbstheilungskraft ist ebenfalls sehr groß. Diese Phase ist also gut geeignet, um sich zu kräftigen und zu erholen sowie für alle Kurmaßnahmen.
Gespeichert werden allerdings auch die Nährstoffe, daher sollte jeder, der auf sein Gewicht achten muss, in dieser Zeit etwas zurückhaltender mit dem Essen sein.

Bedenken sollte man auch, dass mit fortschreitender Zunahme des Mondes sich der Heilungsprozess von Verletzungen verzögert; deshalb ist es angebracht, auf chirurgische Eingriffe zu verzichten, wenn diese Möglichkeit besteht. Und das vor allem in der Nähe des Vollmonds!

Die vier Phasen des Mondes

Der Vollmond

Wenn der Mond die Hälfte seines Erdumlaufs zurückgelegt hat, steht er der Sonne direkt gegenüber, in Opposition zu ihr. Seine sichtbare Oberfläche ist voll beleuchtet, er steht für ein bis zwei Tage als kreisrunde, leuchtende Scheibe am nächtlichen Himmel.
Zu keiner anderen Zeit sind die Impulse des Mondes so deutlich zu spüren wie in der Vollmondphase. Es ist die Zeit starker Gefühle, positiver wie negativer. In den wenigen Stunden des Vollmonds werden nicht nur besonders hohe Geburtenzahlen, sondern leider auch immer wieder überdurchschnittlich viele Unfälle und Gewaltverbrechen registriert.

Natur In der Natur bewirken die kräftigen Impulse des Vollmonds, die den Richtungswechsel von Aufnahme zu Abgabe ankündigen, eine ganz besondere Stimmung.
Einerseits erreicht die Natur jetzt den absoluten Höhepunkt ihrer Aufnahmefähigkeit, weshalb der Zeitpunkt für eine Pflanzendüngung geradezu ideal ist. Andererseits kann es beispielsweise leicht geschehen, dass Gehölze absterben, wenn auch nur wenige Zweige abgebrochen oder vielleicht weggeschnitten werden. Für das Sammeln vieler Heilkräuter (vor allem von Wurzeln) ist jetzt die günstigste Zeit, da ihre Heilkraft nämlich besonders groß ist.

Körper Da der Körper nun gestärkt ist und zur Abgabe »umschaltet«, fällt auch in dieser Phase eine Fastenpause leicht und ist zudem sehr effektiv. Der Organismus reagiert auf die starken Vollmondenergien häufig mit Unruhe und Nervosität. Sensible Menschen haben sehr häufig Schlafstörungen, andere berichten von besonders eindrucksvollen Träumen und sogar Visionen während dieser Phase.

Weil Wunden stärker und länger bluten als zu anderen Zeiten, Verletzungen langsamer und schlechter heilen, ist es ratsam, bei Vollmond auf chirurgische Eingriffe zu verzichten, falls dies irgendwie möglich ist.

Der abnehmende Mond

Der Mond setzt seinen Erdumlauf fort und vollendet ihn. Er nähert sich jetzt wieder der Erde, wobei die Größe der von der Sonne beleuchteten Oberfläche von rechts nach links fortschreitend geringer wird. Wenn er etwa 22 Tage nach Neumond die Sonnenumlaufbahn der Erde erneut kreuzt, ist er nur mehr halb zu sehen. Nun beginnt das letzte Viertel, die nach rechts geöffnete Sichel wird von Tag zu Tag schmaler, bis die Neumondphase erreicht ist. Dann beginnt alles wieder von Neuem.
Die Impulse des abnehmenden Mondes sind auf Abgabe gerichtet – auf das Freisetzen von Kräften und Energien. Dieser balsamische oder aussäende Mond befreit von Zweifeln sowie Ängsten und bündelt die positiven Gefühle für den nun bald beginnenden neuen Zyklus.

Natur In der Natur fließen die Säfte abwärts, die Energien gehen zu den Wurzeln. Die Erde ist aufnahmebereit, das Wachstum unter der Oberfläche ist begünstigt. Jetzt ist es Zeit, das zu pflanzen oder zu säen, was vorwiegend in die Erde hineinwächst, z. B. Wurzelgemüse und -kräuter. Nährstoffe und Feuchtigkeit werden vom Boden während dieser Phase besonders gut aufgenommen, deshalb sind Düngung und Bewässerung der Pflanzen jetzt besonders wirkungsvoll und noch dazu weniger umweltbelastend.

Körper Der Organismus ist während dieser Zeit in seiner durchaus besten Form. Körperliche wie auch geistige Höchstleistungen gelingen viel müheloser als während der anderen Mondphasen. Ausspülen und Ausschwitzen ist die Devise bei abnehmendem Mond, deshalb wird auch alles, was mit Entgiftung und Entschlackung zu tun hat, gute Erfolge nach sich ziehen.
Zudem ist jedem, der ein paar Pfunde verlieren möchte diese Phase wärmstens zu empfehlen: Das Abnehmen fällt jetzt nämlich viel leichter und ist effektiver!

Operationen gelingen zu dieser Zeit besser, und Wunden heilen viel schneller.

Der Mondstand im Tierkreis

Die Mondwanderung durch den Tierkreis

Bei seinem etwa 27-tägigen Umlauf um die Erde wandert der Mond durch die zwölf Sternbilder des astrologischen Tierkreises. In jedem von ihnen hält er sich für etwa zwei bis drei Tage auf.
Durch die Kombination der Mondimpulse, deren Wirkung durch die verschiedenen Mondphasen bestimmt wird, mit den astrologischen Einflüssen, die von den Sternbildern ausgehen, entstehen ganz besondere Kräfte: Diese sind sowohl im körperlichen Bereich bei Mensch und Tier als auch für Garten, Haushalt und andere Bereiche des täglichen Lebens von großer Wirkung.

Die vier Trigonen

Die 12 Tierkreiszeichen werden in vier Gruppen eingeteilt; jede Gruppe ist einem Urelement zugeordnet, über das die Sternzeichen astrologisch wirken.

- **Widder, Löwe, Schütze: Feuer**
  An den Feuertagen ist Eiweiß meist gut verträglich,
  die Witterung vergleichsweise mild
  und der Wuchs von Fruchtpflanzen begünstigt.

- **Stier, Jungfrau, Steinbock: Erde**
  An den Erdtagen ist Salz meist gut verträglich,
  das Wetter vergleichsweise kühl
  und der Wuchs von Wurzelpflanzen beeinflusst.

- **Krebs, Skorpion, Fische: Wasser**
  An den Wassertagen sind Kohlenhydrate meist gut
  verträglich, ist die Witterung vergleichsweise feucht
  und der Wuchs von Blattpflanzen gefördert.

- **Zwillinge, Waage, Wassermann: Luft**
  An den Lufttagen ist Fett meist gut verträglich,
  die Lichteinstrahlung vergleichsweise intensiv
  und der Wuchs von Blütenpflanzen begünstigt.

Der Einfluss des Mondstands auf Körper und Psyche

Neben den über die Naturelemente wirkenden Impulsen gehen von jedem Tierkreiszeichen noch andere Einflüsse aus, die unsere körperliche und psychische Verfassung mitbestimmen können. Jedem Zeichen werden ganz bestimmte Bereiche und Funktionen des menschlichen Organismus zugeordnet. Der Mond durchwandert somit in jedem Monat den ganzen Körper.

Mond im Widder

Dem Tierkreiszeichen Widder werden der Kopf, das Gehirn, die Augen und die Nase zugeordnet. Ebenso beeinflusst Widder die Sinnesorgane.
Wer häufiger unter Migräne leidet, wird dies nun besonders deutlich spüren. Schonung ist angesagt – und Vorsicht vor allem, was einen Migräneschub bewirken könnte, wie beispielsweise Genussmittel aller Art.
Operationen im Kopf- und Gesichtsbereich sollten an allen Widdertagen – auch bei abnehmendem Mond – nach Möglichkeit vermieden werden.
Die Menschen haben bei diesem Mondstand ein erhöhtes Kontaktbedürfnis und zunächst viel Energie, es zu befriedigen. Der Enthusiasmus ist jedoch eher kurzlebig.

Mond im Stier

Das Sternzeichen Stier bestimmt Hals, Kehlkopf, Schilddrüse, Mandeln, Zähne, Kiefer, Nacken und Ohren. Als Organsystem wird der Blutkreislauf beeinflusst.
Besonders an kühlen und feuchten Stiertagen sollte man sich vor Hals- und Ohrenentzündungen schützen. Also besser nicht Schal und Kopfbedeckung vergessen!
Mandeloperationen und kieferchirurgische Eingriffe – auch Zähneziehen – sollten jetzt, wenn es irgendwie geht, möglichst nicht durchgeführt werden.
An Stiertagen getroffene Entscheidungen sind nur schwer wieder rückgängig zu machen – also gut überlegen!

Der Mondstand im Tierkreis

Mond in den Zwillingen

Vom Tierkreiszeichen Zwillinge werden vor allem die Schultern, die Arme und Hände sowie die Bronchien regiert. Als Organsystem werden noch alle inneren Drüsen beeinflusst.

An Zwillingetagen ist vor allem für Rheumatiker Vorsicht geboten. Das übrigens nicht nur, weil die entsprechenden Körperregionen beeinflusst werden, sondern auch, weil das Wetter an diesen Tagen leicht umschlägt. Da heißt es: Sich warm anziehen und zur Heilsalbe greifen, die zu diesen Zeiten besonders gut wirkt! Auch eine Bestrahlungsbehandlung ist an Zwillingetagen günstig.

Wer seinem Schultergürtel etwas Gutes tun will, ist mit entsprechenden gymnastischen Übungen gut beraten.

Bei diesem Mondstand findet meistens ein unverbindlicher Austausch von Gedanken und Ideen statt. Bahnbrechendes Handeln ist jetzt nicht angesagt, aber es besteht durchaus oft die Lust auf einen Verwandtschaftsbesuch.

Mond im Krebs

Das Krebszeichen bestimmt die Brust, die Lunge sowie Magen, Leber und Galle. Auch das Nervensystem wird von ihm beeinflusst.

Wer einen schwachen Magen hat, bekommt dies an Krebstagen unter Umständen zu spüren. Auch die anderen inneren Organe sind besonders empfindsam. Es ist also besser, sich an diesen Tagen mit Bedacht zu ernähren. Wenn Sie schwere Speisen meiden und auch bei Alkohol und Kaffee immer maßvoll bleiben, ist manches Risiko geringer.

Wenn Sie Leber und Galle entgiften wollen, z. B. durch eine besondere Diät, wählen Sie am besten die Zeit zwischen Juli und dem darauf folgenden Januar, weil dann der abnehmende Mond im Tierkreiszeichen Krebs steht.

Ausgeprägte Empfindsamkeit, eventuell sogar auch große Überempfindlichkeit zeichnen Krebstage ganz besonders aus. Menschen, die sich sehr leicht beeinflussen lassen, sollten vor allem jetzt stets auf der Hut sein.

Mond im Löwen

Das Sternzeichen Löwe wirkt auf Rücken, Blutkreislauf, Herz, Zwerchfell und Schlagadern. Es beeinflusst zudem die Sinnesorgane.

Menschen, die Probleme mit Herz oder Kreislauf haben, sollten sich an Löwetagen vor größeren körperlichen und seelischen Belastungen hüten. Dazu gehören auch strapaziöse Reisen und aufregende berufliche Vorhaben.

Spaß, Lebensfreude sowie Selbstdarstellung heißen die Mottos. Andererseits weckt Löwe auch Beschützerinstinkte. Passen Sie auf, dass sich diese nicht womöglich zu Besitzansprüchen entwickeln!

Mond in der Jungfrau

Das Tierkreiszeichen Jungfrau bestimmt die Verdauungsorgane, den Stoffwechsel, die Nerven, die Milz und die Bauchspeicheldrüse. Als Organsystem wird der Blutkreislauf beeinflusst.

Viele Menschen haben Verdauungsprobleme, die an Jungfrautagen deutlicher zutage treten als sonst. Leichte, fettarme Gerichte sollten daher jetzt auf dem Speiseplan stehen.

Einerseits besteht großes Kontaktbedürfnis, andererseits aber auch die Tendenz zur Enthaltsamkeit. Solche Tage sind auch gut für die Erledigung von Routinetätigkeiten.

Mond in der Waage

Die Wirkung der Waage zielt gleichermaßen auf die Hüftregion wie auf die Nieren und die Blase.

Wer unangenehme und oft sehr schmerzliche Schwierigkeiten mit Nieren und Blase vermeiden möchte, sollte sich vor allem an Waagetagen vor Unterkühlung schützen. Wer vorbeugen will, muss reichlich trinken, um Nieren und Blase gut durchzuspülen. Vor allem nachmittags zwischen 15 und 17 Uhr wirkt das sehr günstig.

Romanzen, Freundschaft, Partnerschaft werden besonders großgeschrieben. Doch Vorsicht vor emotionalen Konflikten, denn es besteht die Gefahr der Eifersucht!

Der Mondstand im Tierkreis

Mond im Skorpion

Das Skorpionzeichen regiert die inneren und äußeren Sexualorgane sowie die ableitenden Harnwege, außerdem das Nervensystem.
An Skorpiontagen sollte man kalte Füße vermeiden, wenn man sich vor Blasen- oder Nierenentzündungen schützen will. Gegen Unterleibserkrankungen, die sogenannten Frauenleiden, helfen jetzt Sitzbäder mit Schafgarbenextrakt, die auch vorbeugend und durchblutungsfördernd wirken.
Schwangere sollten jetzt besonders vorsichtig sein; es besteht nämlich eine Tendenz zu Fehlgeburten, besonders wenn der Mond im Zunehmen begriffen ist.
Noch ein Tipp für Rheumatiker: Lüften Sie an Skorpiontagen und auch an anderen Wassertagen Ihre Bettwäsche nicht im Freien aus, sie zieht da allzu viel Feuchtigkeit an.
Man neigt jetzt zu Kritik und Misstrauen. Auch Empfindlichkeit und Verletzbarkeit sind erhöht. Für alles Spirituelle, aber auch Übersinnliches hat man nun viel Gespür.

Mond im Schützen

Der Schütze beeinflusst besonders die Oberschenkel und Venen sowie die Sinnesorgane.
An Schützetagen, die übrigens auch zu plötzlichen Wetterumschwüngen neigen, meldet sich immer mal wieder der Ischiasnerv besonders schmerzhaft. Wer das schon einmal erlebt hat, wird zu diesen Zeiten gerne auf besondere körperliche Anstrengungen verzichten wollen.
Auch ein Muskelkater tritt jetzt häufiger und intensiver auf, besonders wenn den Beinen zu viel zugemutet wurde. Alle, die ziemlich untrainiert sind, sollten deshalb längere Wanderungen oder womöglich anstrengende Bergtouren in eine dafür günstigere Zeit legen. Gut tun dagegen lockernde Massagen für das Kreuz und die Beinmuskulatur, für die man sich an Schützetagen viel Zeit nehmen sollte.
Unruhe, Sehnsucht nach dem Fremden und Unbekannten sowie eine übergroße Reiselust sind jetzt die stärksten Impulse.

Mond im Steinbock

Das Sternzeichen Steinbock hat besonderen Einfluss auf das Skelett, die Gelenke (vor allem die Knie) sowie auf die Haut und den Blutkreislauf.
Ähnlich wie bei Schütze sollte alles, was Knochen und Gelenke stark belastet, an Steinbocktagen eingeschränkt oder vermieden werden. Heilende Umschläge und Massagen beugen vor oder helfen. Auch jede Hautpflege ist jetzt angesagt; sie zeigt eine besonders tiefgehende und wohltuende Wirkung.
Tradition, Autorität, Regeln, Disziplin und Berufliches sind nun wichtig. Man tendiert aber auch zu Pessimismus, Frustration und der Neigung, sich ins Privateste zurückzuziehen.

Mond im Wassermann

Der Wassermannmond wirkt sich vor allem auf die Unterschenkel, die Venen, die Knöchel sowie auf das Drüsensystem aus.
Venenbeschwerden treten an Wassermanntagen sehr häufig auf. Wer die Möglichkeit hat, sollte die Beine ruhig einmal hochlegen. Allen, die unter Krampfadern leiden, ist zu raten, jetzt auf langes Stehen und Gehen möglichst zu verzichten. Wechselwarme Fußbäder, kalte Unterschenkelgüsse und das Auftragen von Venensalben sind nun am wirksamsten.
Soziales Engagement, Rationalität und Zukunftsplanung haben jetzt Vorrang. Zu viel Idealismus wird oft enttäuscht!

Mond in den Fischen

Das Fischezeichen regiert Füße, Zehen, Nervensystem.
Die oft geplagten Füße tragen den gesamten Körper – mit einem wohltuenden Fußbad kann man da jetzt besonders viel lindern und wiedergutmachen. Ein echtes Kuriosum ist die Erfahrung, dass an Fischetagen alle Genussmittel, ob Alkohol, Tabak oder Kaffee, viel stärker wirken als sonst!
Die Menschen ziehen sich nun eher zurück, suchen den Kontakt zum Partner oder zur Familie. Solche Tage sind auch gut für die Beschäftigung mit Spirituellem.

Der auf- und absteigende Mond

Siderischer Umlauf des Mondes

Es gibt noch zwei weitere Mondqualitäten, die ganz besonders für die Pflanzenwelt von Bedeutung sind, aber ebenso Beachtung finden können, um einen nicht ganz idealen Zeitpunkt für eine Gesundheitsmaßnahme zu optimieren oder auch bei Haushaltsaktivitäten letztlich bessere Ergebnisse zu erreichen.
Diese Mondqualitäten, die allerdings nichts mit den bereits beschriebenen Mondphasen zu tun haben, ergeben sich aus dem siderischen (auf die Sterne bezogenen) Umlauf des Mondes, wobei der Erdtrabant die zwölf bekannten Tierkreiszeichen durchläuft.

Der aufsteigende Mond

Aufsteigend durchquert der Mond dabei alle Tierkreiszeichen zwischen der Winter- und der Sommersonnenwende, also von Schütze über Steinbock, Wassermann, Fische, Widder bis Stier bzw. Zwillinge, wo er schließlich seinen Wendepunkt erreicht.
Der Zeitraum des aufsteigenden Mondes kann als Phase des Ausatmens der Erde betrachtet werden. Wachstum, Reifung und Ernte (daher auch Erntemond genannt) sind nun bestimmend.

Die Entwicklung über der Erdoberfläche ist der bei zunehmendem Mond ähnlich.

Der absteigende Mond

Absteigend durchwandert der Mond alle Tierkreiszeichen der Monate Juni bis Dezember, also Zwillinge, Krebs, Löwe, Jungfrau, Waage sowie schließlich Skorpion bzw. Schütze (Wendepunkt).
Der Zeitraum des absteigenden Mondes kann als Phase des Einatmens der Erde gesehen werden. Vor allem Pflanzarbeiten (daher auch Pflanzmond genannt) sind nun ganz besonders begünstigt.

Die Entwicklung unter der Erdoberfläche ist der bei abnehmendem Mond ähnlich.

Die Erklärung der Symbole

Die Symbole im Kalendarium verweisen auf günstige (blaues Piktogramm) bzw. eher ungünstige Tage (schwarzes Piktogramm).

Harmonische bzw. gereizte Stimmung

An Stier-, Waage- und Fischetagen sieht man in aller Regel die sonnigen Seiten des Lebens. Jetzt kann man sich auch sehr gut in andere hineinfühlen und ist, falls nötig, schneller zu Kompromissen bereit. Wenn der Mond in Widder, Skorpion oder Jungfrau steht, herrscht meist eine unterschwellige Gereiztheit und leichte Tendenz zur Aggression.

Geldangelegenheiten entscheiden, regeln

Alles, was mit Geld zu tun hat, ob Anlagen, Kaufverträge, Kredite o.Ä., entscheidet oder regelt man am besten bei zunehmendem Mond in Stier, Jungfrau und Steinbock. Bei Vollmond (egal, in welchem Zeichen) ist immer davon abzuraten, weil nun aufgrund von schwächerer Konzentration schneller Fehler passieren können.

Haare schneiden

Löwetage sind die optimalen Termine für den Haarschnitt: Bei abnehmendem Mond vorgenommen wird sich die Haarstruktur deutlich verbessern. Bei zunehmendem Mond geschnittene Haare wachsen schneller nach. An Krebs- oder Fischetagen entstandene Frisuren haben meistens keinen guten Halt.

Fußreflexzonenmassage

An allen Fischetagen entfaltet dieses Naturheilverfahren seine volle Wirkung. Bei zunehmendem Mond wirkt die Massage regenerierend, bei abnehmendem besonders entspannend. An den Löwetagen ist davon besser abzusehen.

Die Erklärung der Symbole

Fasttag einlegen

Ein Fasttag an Neumond ist die Krönung der Entschlackung bei abnehmendem Mond. Und auch bei Vollmond, wenn aufgrund der starken Impulse die Neigung zu nervösem Magen besteht, entlastet ein Fasttag den Organismus sehr.
Wer an diesen Tagen nichts isst, sollte viel Saft, Mineralwasser oder Kräutertee trinken!

Großer Hausputz

Reinigungsarbeiten werden am effektivsten an Lufttagen bei abnehmendem Mond vorgenommen. An Erdtagen bei zunehmendem Mond ist vom Hausputz abzuraten, weil der Schmutz jetzt eher verteilt und nicht entzogen wird.

Wäsche waschen

Wer seine Wäsche an Wassertagen bei abnehmendem Mond erledigt, wird auch mit weniger Waschmittel ein gutes Ergebnis erzielen. An Feuertagen bei zunehmendem oder Vollmond wird man mit dieser Arbeit nicht zufrieden sein.

Pflanzen gießen

An Wassertagen gegossene Pflanzen können das frische Nass besser speichern und entsprechend gut rationieren. Wer an Lufttagen gießt, riskiert erfahrungsgemäß, dass vermehrt Schädlinge angezogen werden.

Pflanzen düngen

Voll- und abnehmender Mond sind die optimalen Düngezeiten. An allen Löwe- sowie den Widder- und Schützetagen bei zunehmendem Mond belastet das Düngen die Pflanzen zu sehr. Und in den Wintermonaten von November bis einschließlich Februar ist eine Pause nötig!

Pflanzen umtopfen

Kübel-, Balkon- oder Zimmerpflanzen werden am besten bei abnehmendem oder zunehmendem und zugleich absteigendem Mond umgetopft, und zwar von März bis Mai sowie von September bis einschließlich November.
Bei Neu-, Voll- oder abnehmendem und zugleich aufsteigendem Mond umzutopfen behindert den Wuchs der Pflanzen.

Zu den Kalendarien dieses Jahrbuchs

Das zentrale Kalendarium: Ab Seite 28 finden Sie in jeder Tagesspalte Mondphase, Mondstand (dunkelblaues Zeichen) und Zeitangaben für Neu-, Halb-, Vollmond und Transite vom einen Zeichen in das nächste.
Die Infokästen (zur Elementegruppe usw.) gelten für den gesamten Mondstand (egal, welche Phase herrscht).
Die Symbole darüber ändern sich bei gleichbleibendem Mondstand, aber wechselnder Phase oder fehlen, wenn keine Empfehlung oder Warnung zu geben ist.
Zum Thema Mondaspekte in den Tagestexten lesen Sie bitte zunächst die Seiten 202 ff.

Wichtig für alle Kalendarien in diesem Jahrbuch: Als Beurteilungskriterium dafür, von welchem Tierkreiszeichen ein Tag dominiert wird (ob z. B. noch ein Löwe- oder schon ein Jungfrautag gegeben ist), gilt nicht das Zeichen, in dem der Mond steht, wenn der Tag beginnt. Wichtig ist die Größe des Zeitraums, den der Mond am jeweiligen Tag in einem Sternzeichen verbringt. Denn je größer der Zeitraum ist, desto stärker wirken die durch das Zeichen bedingten Mondimpulse.
Das erklärt auch vermeintliche Abweichungen, wie z. B. am 18. Januar auf Seite 36: Der Mond befindet sich um 0.50 Uhr, wenn er sein Vollmondstadium erreicht, noch im Krebs (bis 5.04 Uhr). Dennoch haben wir es an diesem Tag mit einem Löwe-Vollmond zu tun, weil von diesem Zeichen letztlich die dominantere Kraft ausgeht.

Die Monatsübersichten 2022

Januar

1	Sa	Neujahr	52. Woche
2	So		
3	Mo		1. Woche
4	Di		
5	Mi		
6	Do	Heilige Drei Könige	
7	Fr		
8	Sa		
9	So		
10	Mo		2. Woche
11	Di		
12	Mi		
13	Do		
14	Fr		
15	Sa		
16	So		
17	Mo		3. Woche
18	Di		
19	Mi		
20	Do		
21	Fr		
22	Sa		
23	So		
24	Mo		4. Woche
25	Di		
26	Mi		
27	Do		
28	Fr		
29	Sa		
30	So		
31	Mo		5. Woche

Februar

1	Di		
2	Mi	Mariä Lichtmess	
3	Do		
4	Fr		
5	Sa		
6	So		
7	Mo		6. Woche
8	Di		
9	Mi		
10	Do		
11	Fr		
12	Sa		
13	So		
14	Mo	Valentinstag	7. Woche
15	Di		
16	Mi		
17	Do		
18	Fr		
19	Sa		
20	So		
21	Mo		8. Woche
22	Di		
23	Mi		
24	Do		
25	Fr		
26	Sa		
27	So		
28	Mo	Rosenmontag	9. Woche

März

1	Di	Fastnacht	
2	Mi	Aschermittwoch	
3	Do		
4	Fr		
5	Sa		
6	So		
7	Mo		10. Woche
8	Di	Internationaler Frauentag	
9	Mi		
10	Do		
11	Fr		
12	Sa		
13	So		
14	Mo		11. Woche
15	Di		
16	Mi		
17	Do		
18	Fr		
19	Sa	Josefitag	
20	So	Frühlingsanfang	
21	Mo		12. Woche
22	Di		
23	Mi		
24	Do		
25	Fr		
26	Sa		
27	So	Beginn der Sommerzeit	
28	Mo		13. Woche
29	Di		
30	Mi		
31	Do		

April

1	Fr		
2	Sa		
3	So		
4	Mo		14. Woche
5	Di		
6	Mi		
7	Do		
8	Fr		
9	Sa		
10	So	Palmsonntag	
11	Mo		15. Woche
12	Di		
13	Mi		
14	Do	Gründonnerstag	
15	Fr	Karfreitag	
16	Sa		
17	So	Ostersonntag	
18	Mo	Ostermontag	16. Woche
19	Di		
20	Mi		
21	Do		
22	Fr		
23	Sa	Welttag des Buches	
24	So		
25	Mo		17. Woche
26	Di		
27	Mi		
28	Do		
29	Fr		
30	Sa	Walpurgisnacht	

Die Monatsübersichten 2022

Mai

1	So	Maifeiertag	
2	Mo		18. Woche
3	Di		
4	Mi		
5	Do		
6	Fr		
7	Sa		
8	So	Muttertag	
9	Mo	Europatag	19. Woche
10	Di		
11	Mi		
12	Do		
13	Fr		
14	Sa		
15	So		
16	Mo		20. Woche
17	Di		
18	Mi		
19	Do		
20	Fr		
21	Sa		
22	So		
23	Mo		21. Woche
24	Di		
25	Mi		
26	Do	Christi Himmelfahrt	
27	Fr		
28	Sa		
29	So		
30	Mo		22. Woche
31	Di		

Juni

1	Mi		
2	Do		
3	Fr		
4	Sa		
5	So	Pfingstsonntag Tag der Umwelt	
6	Mo	Pfingstmontag	23. Woche
7	Di		
8	Mi		
9	Do		
10	Fr		
11	Sa		
12	So		
13	Mo		24. Woche
14	Di		
15	Mi		
16	Do	Fronleichnam	
17	Fr		
18	Sa		
19	So		
20	Mo		25. Woche
21	Di	Sommeranfang	
22	Mi		
23	Do		
24	Fr	Johannistag	
25	Sa		
26	So		
27	Mo	Siebenschläfer	26. Woche
28	Di		
29	Mi		
30	Do		

Juli

Tag		Hinweis	Woche
1	Fr		
2	Sa		
3	So		
4	Mo		27. Woche
5	Di		
6	Mi		
7	Do		
8	Fr		
9	Sa		
10	So		
11	Mo		28. Woche
12	Di		
13	Mi		
14	Do		
15	Fr		
16	Sa		
17	So		
18	Mo		29. Woche
19	Di		
20	Mi		
21	Do		
22	Fr		
23	Sa		
24	So		
25	Mo		30. Woche
26	Di		
27	Mi		
28	Do		
29	Fr		
30	Sa		
31	So		

August

Tag		Hinweis	Woche
1	Mo	Nationalfeiertag der Schweiz	31. Woche
2	Di		
3	Mi		
4	Do		
5	Fr		
6	Sa		
7	So		
8	Mo		32. Woche
9	Di		
10	Mi		
11	Do		
12	Fr		
13	Sa		
14	So		
15	Mo	Mariä Himmelfahrt	33. Woche
16	Di		
17	Mi		
18	Do		
19	Fr		
20	Sa		
21	So		
22	Mo		34. Woche
23	Di		
24	Mi		
25	Do		
26	Fr		
27	Sa		
28	So		
29	Mo		35. Woche
30	Di		
31	Mi		

Die Monatsübersichten 2022

September

1	Do		
2	Fr		
3	Sa		
4	So		
5	Mo		36. Woche
6	Di		
7	Mi		
8	Do		
9	Fr		
10	Sa		
11	So		
12	Mo		37. Woche
13	Di		
14	Mi		
15	Do		
16	Fr		
17	Sa		
18	So	Eidgenössischer Bettag	
19	Mo		38. Woche
20	Di		
21	Mi		
22	Do		
23	Fr	Herbstanfang	
24	Sa		
25	So		
26	Mo		39. Woche
27	Di		
28	Mi		
29	Do		
30	Fr		

Oktober

1	Sa		
2	So	Erntedankfest	
3	Mo	Tag der Deutschen Einheit	40. Woche
4	Di	Welttierschutztag	
5	Mi		
6	Do		
7	Fr		
8	Sa		
9	So		
10	Mo		41. Woche
11	Di		
12	Mi		
13	Do		
14	Fr		
15	Sa		
16	So	Kirchweihfest	
17	Mo		42. Woche
18	Di		
19	Mi		
20	Do		
21	Fr		
22	Sa		
23	So		
24	Mo		43. Woche
25	Di		
26	Mi	Nationalfeiertag Österreichs	
27	Do		
28	Fr		
29	Sa		
30	So	Ende der Sommerzeit	
31	Mo	Reformationsfest Halloween	44. Woche

November

1	Di	Allerheiligen		☽
2	Mi	Allerseelen		☽
3	Do			☽
4	Fr			☽
5	Sa			☽
6	So			☽
7	Mo		45. Woche	☽
8	Di			○
9	Mi			☾
10	Do			☾
11	Fr	Martinstag		☾
12	Sa			☾
13	So	Volkstrauertag		☾
14	Mo		46. Woche	☾
15	Di			☾
16	Mi	Buß- und Bettag		☾
17	Do			☾
18	Fr			☾
19	Sa			☾
20	So	Totensonntag		☾
21	Mo		47. Woche	☾
22	Di			☾
23	Mi			●
24	Do			☽
25	Fr			☽
26	Sa			☽
27	So	1. Advent		☽
28	Mo		48. Woche	☽
29	Di			☽
30	Mi			☽

Dezember

1	Do			☽
2	Fr			☽
3	Sa			☽
4	So	2. Advent, Barbaratag		☽
5	Mo		49. Woche	☽
6	Di	Nikolaustag		☽
7	Mi			☽
8	Do	Mariä Empfängnis		○
9	Fr			☾
10	Sa			☾
11	So	3. Advent		☾
12	Mo		50. Woche	☾
13	Di			☾
14	Mi			☾
15	Do			☾
16	Fr			☾
17	Sa			☾
18	So	4. Advent		☾
19	Mo		51. Woche	☾
20	Di			☾
21	Mi	Winteranfang		☾
22	Do			☾
23	Fr			●
24	Sa	Heiligabend		☽
25	So	1. Weihnachtstag		☽
26	Mo	2. Weihnachtstag	52. Woche	☽
27	Di			☽
28	Mi			☽
29	Do			☽
30	Fr			☽
31	Sa	Silvester		☽

Schulferien 2022 in Deutschland

Land	Winter	Ostern/ Frühjahr	Himmel-fahrt/ Pfingsten	Sommer	Herbst	Weihnachten
Baden-Württemberg	–	14.4./ 19.4.–23.4.	7.6.–18.6.	28.7.–10.9.	31.10./ 2.11.–4.11.	21.12.–7.1.2023
Bayern	28.2.–4.3.	11.4.–23.4.	7.6.–18.6.	1.8.–12.9.	31.10.–4.11./ 16.11.	24.12.–7.1.2023
Berlin	29.1.–5.2.	7.3./ 11.4.–23.4.	27.5./7.6.	7.7.–19.8.	24.10.–5.11.	22.12.–2.1.2023
Brandenburg	31.1.–5.2.	11.4.–23.4.	–	7.7.–20.8.	24.10.–5.11.	22.12.–3.1.2023
Bremen	31.1./1.2.	4.4.–19.4.	27.5./7.6.	14.7.–24.8.	17.10.–29.10.	23.12.–6.1.2023
Hamburg	28.1.	7.3.–18.3.	23.5.–27.5.	7.7.–17.8.	10.10.–21.10.	23.12.–6.1.2023
Hessen	–	11.4.–23.4.	–	25.7.–2.9.	24.10.–29.10.	22.12.–7.1.2023
Mecklenburg-Vorpommern	5.2.–17.2.	11.4.–20.4.	27.5./ 3.6.–7.6.	4.7.–13.8.	10.10.–14.10./ 1., 2.11.	22.12.–2.1.2023
Niedersachsen	31.1./1.2.	4.4.–19.4.	27.5./7.6.	14.7.–24.8.	17.10.–28.10.	23.12.–6.1.2023
Nordrhein-Westfalen	–	11.4.–23.4.	–	27.6.–9.8.	4.10.–15.10.	23.12.–6.1.2023
Rheinland-Pfalz	21.2.–25.2.	13.4.–22.4.	–	25.7.–2.9.	17.10.–31.10.	23.12.–2.1.2023
Saarland	21.2.–1.3.	14.4.–22.4.	7.6.–10.6.	25.7.–2.9.	24.10.–4.11.	22.12.–4.1.2023
Sachsen	12.2.–26.2.	15.4.–23.4.	27.5.	18.7.–26.8.	17.10.–29.10.	22.12.–2.1.2023
Sachsen-Anhalt	12.2.–19.2.	11.4.–16.4.	23.5.–28.5.	14.7.–24.8.	24.10.–4.11.	21.12.–5.1.2023
Schleswig-Holstein	–	4.4.–16.4.	27., 28.5.	4.7.–13.8.	10.10.–21.10.	23.12.–7.1.2023
Thüringen	12.2.–19.2.	11.4.–23.4.	27.5.	18.7.–27.8.	17.10.–29.10.	22.12.–3.1.2023

Angegeben sind jeweils der erste und der letzte Ferientag. Für die Richtigkeit der Termine kann keine Gewähr übernommen werden. Redaktioneller Stand: 28.02.2021

Arbeitsfreie Feiertage 2022

Gesetzliche Feiertage im Bundesgebiet

01.01. Neujahr
15.04. Karfreitag
17.04. Ostersonntag
18.04. Ostermontag
01.05. Maifeiertag
26.05. Christi Himmelfahrt
05.06. Pfingstsonntag
06.06. Pfingstmontag
03.10. Tag der Deutschen Einheit
25.12. 1. Weihnachtstag
26.12. 2. Weihnachtstag

Gesetzliche Feiertage in einzelnen Bundesländern

06.01. Heilige Drei Könige
(Baden-Württemberg, Bayern, Sachsen-Anhalt)

16.06. Fronleichnam
(Baden-Württemberg, Bayern, Hessen, Nordrhein-Westfalen, Rheinland-Pfalz, Saarland, Sachsen – teilweise, Thüringen – in Gemeinden mit überwiegend katholischer Bevölkerung)

15.08. Mariä Himmelfahrt
(Saarland, Bayern – in Gemeinden mit überwiegend katholischer Bevölkerung)

31.10. Reformationstag
(Brandenburg, Mecklenburg-Vorpommern, Sachsen, Sachsen-Anhalt, Thüringen)

01.11. Allerheiligen
(Baden-Württemberg, Bayern, Nordrhein-Westfalen, Rheinland-Pfalz, Saarland)

16.11. Buß- und Bettag
(Sachsen)

1 Samstag

Neujahr

Elementegruppe: **Feuer**
Besondere Nahrungsverträglichkeit: **Eiweiß**
Beeinflusster Pflanzenteil: **Frucht**
Dominierte Körperregionen: **Oberschenkel, Venen**

! Falls Sie an diesem Schützetag wieder mal den klaren Entschluss fassen, in Ihrem Leben nicht mehr groß zurückzuschauen, sondern den Blick konsequent nach vorn zu richten, sind Sie in einer wirklich guten Ausgangsposition für das neue Jahr!

Körper ...
Bei Mond im Schützen meldet sich nicht selten der Ischiasnerv. Hüten Sie sich nun also vor besonders großer körperlicher Anstrengung!

... Geist und
Geht Ihnen heute so manch Berufliches durch den Kopf? Dann überlegen Sie auch wieder einmal ganz genau: Arbeiten Sie flott, aber nicht flüchtig? Verhandeln Sie hart, aber fair? Vielleicht besteht ja Verbesserungsbedarf!

... Seele
Seien Sie im Gespräch mit einer neuen Bekanntschaft ganz offen. Vielleicht öffnet sich dann das Tor zu einer wirklich gemeinsamen Welt.

Der Weg der Reflexion ist der Weg des Kompromisses.
Agustina Bessa-Luis

Mondpause
Von einer Mondpause spricht man, wenn der Mond bei seiner Wanderung durch den Tierkreis keinen Hauptaspekt (also keine Konjunktion, Opposition, kein Quadrat, Trigon oder Sextil) mehr bildet, bis er vom Zeichen, durch das er gerade läuft, ins nächste wechselt. Er befindet sich dann sozusagen in einer Art Leerlauf, was einiges begünstigt und anderes problematisiert. Gefördert werden nun z. B. Routinetätigkeiten, schon begonnene Aktivitäten, Meditation, Yoga, Erholung und Schlaf. Und vermeiden sollte man jetzt vor allem, etwas völlig Neues anzufangen! Betrachtet werden in diesem Jahrbuch allerdings nur die wesentlichsten Pausen.
Heute kurz nach 9 Uhr beginnt die erste Mondpause, die knappe 15 Stunden dauert: also viel Zeit für genug Ruhe und Kontemplation!

2
Sonntag

19.35

00.03

Elementegruppe: **Erde**
Besondere Nahrungsverträglichkeit: **Salz**
Beeinflusster Pflanzenteil: **Wurzel**
Dominierte Körperregionen: **Knie, Haut, Knochen**

Der Neumond steht im Steinbock: Da können **Vorhaben** mit anderen leichter platzen als sonst. Keine Sorge – es gibt noch bessere Gelegenheiten!

Geld

- Nehmen Sie sich mal Zeit, um ganz genau Ihre Finanzen durchzugehen. Dann wissen Sie auch, welche Wünsche Sie sich jetzt erfüllen können.
- Denken Sie darüber nach, wie Sie ein aufwendiges Projekt mit nur wenig Geld finanzieren können? Diese Mondkonstellation unterstützt Sie dabei.

Das würde Ihnen guttun!

Leisten Sie wieder einmal einen Beitrag zur Entschlackung Ihres Körpers, und legen Sie einen Fasttag ein. Trinken Sie aber viel Kräutertee.

3
Montag

23.45

Von 11.00 bis 13.00 Uhr trägt eine Mond-Venus-Konjunktion zu großer Kontaktfreude bei: Ihr Talent, sich selbst nicht immer so wichtig zu nehmen und sich mit viel Gespür auf andere einzulassen, verschafft Ihnen jetzt Respekt und Sympathie.

Glückliche Hand

- Der Steinbockmond macht es Ihnen jetzt relativ leicht, sich voll ins Zeug zu legen. Sie sehen nicht die Schwierigkeiten, sondern nur Ihre Aufgaben.
- Man muss nicht immer ausgehen, um vom Leben was zu haben. Wenn Sie nun die Zurückgezogenheit bei sich zu Hause bevorzugen, passt das gut!

Tipp für eine alternative Hautpflegemethode an diesem Steinbocktag: Essen Sie Ananas. Diese Frucht lässt sogar Altersflecken schwinden!

4 Dienstag

Elementegruppe: ***Luft***
Besondere Nahrungsverträglichkeit: ***Fett***
Beeinflusster Pflanzenteil: ***Blüte***
Dominierte Körperregionen: ***Unterschenkel, Venen***

Pflanzen in Haus und Garten

- An Lufttagen ist vom Blumengießen abzusehen! Außerdem herrscht noch Winterruhe, und die Zimmerpflanzen brauchen daher weniger Wasser.
- Der Januar ist oft sehr kalt. Kontrollieren Sie wieder einmal Ihre Pflanzen auf Frostschäden, und erneuern Sie falls nötig die Schutzvorrichtungen.

Mond und Job Müssen Sie noch schnell Verhandlungen für diese Woche vorbereiten? Sie werden sehen, dass Sie der Mond im Wassermann dabei beflügelt!
Momentan verfügen Sie über sehr viel Kreativität. Wichtig ist aber, dass Sie Ihre Fähigkeiten optimal einsetzen! Denken Sie darüber nach, wie.

5 Mittwoch

! Reagieren Sie auf Widerstand, den Sie heute vielleicht erfahren müssen, nicht aggressiv. Überdenken Sie besser noch mal Ihren Standpunkt ganz genau. Es könnte nämlich durchaus sein, dass Sie sich irren!

Mondpause
Sie beginnt um 01.46 Uhr und zieht sich gut 23 Stunden hin.

- Wassermanntage sind für sehr viele Tätigkeiten gut geeignet: beispielsweise Werbeangelegenheiten und Geschäftsgespräche. Oder auch Projektplanungen, die aber aufgrund der Mondpause noch nicht allzu konkret oder womöglich abgeschlossen sein sollten.
- Sorgen Sie in Ihren vier Wänden wieder einmal richtig für Ordnung. Das Aufräumen und Verstauen wird Ihnen jetzt leicht von der Hand gehen.
- Bei einem besonderen Kulturgenuss finden Sie sicher auch heute die perfekte Erholung! Worauf haben Sie mehr Lust – auf Film oder Theater?

Heilige Drei Könige

Elementegruppe: **Wasser**
Besondere Nahrungsverträglichkeit: **Kohlenhydrate**
Beeinflusster Pflanzenteil: **Blatt**
Dominierte Körperregionen: **Füße, Zehen**

6
Donnerstag

01.18

Kommunikation

Der Mond wandert frühmorgens vom Wassermann in die Fische: Wer sich darum bemüht, macht bereichernde zwischenmenschliche Erfahrungen. Am heutigen Abend sollte die Partnerschaft im Mittelpunkt stehen: Nehmen Sie sich füreinander genügend Zeit und verwöhnen Sie sich gegenseitig.

Der Fischemond steigert die **Kreativität**. Legen Sie sich Ihre Argumente aber genauestens zurecht, falls Sie jetzt um etwas kämpfen müssen!

Nichts fördert das Kreative mehr als die Liebe,
vorausgesetzt, sie ist echt.
Erich Fromm

7
Freitag

Für die Gesundheit

- Eine regenerierende Fußreflexzonenmassage und Blattgemüse als Ernährungsschwerpunkt sind bei diesem Mondstand sehr empfehlenswert.
- An Wassertagen ist man meist etwas sensibler als sonst. Nehmen Sie sich jetzt also nicht alles so zu Herzen. Denken Sie an Ihre Nerven!

Mond und Garten

Ob Uferbefestigung des Gartenteichs, Brunnen- oder andere Wasserleitungen – falls erforderlich, ist eine Reparatur momentan sehr günstig.

Hausarbeit

- Wer bei dieser Mondkonstellation versucht, Feuchtigkeit und Schimmel an Wänden zu entfernen, wird damit leider keinen Erfolg haben.
- Wenn der Mond in den Fischen steht, hat man in aller Regel eine besonders glückliche Hand beim Zubereiten der phantasievollsten Speisen.

8
Samstag

06.27

Elementegruppe: Feuer
Besondere Nahrungsverträglichkeit: Eiweiß
Beeinflusster Pflanzenteil: Frucht
Dominierte Körperregionen: Kopf, Gesicht

Widdermond und Gesundheit

- Trotz aller Energie bei diesem Mondstand – versuchen Sie, genug Schlaf zu bekommen. Sonst lässt Ihr Konzentrationsvermögen schnell nach.
- Paprika ist das optimale Gemüse an Widdertagen: Es beugt z. B. Migräne vor, verbessert die Sehkraft und stärkt die Mundschleimhaut.

9
Sonntag

19.12

Neue Zuversicht

Wurden Sie in einer Liebesangelegenheit vor die Wahl gestellt? Sinnieren Sie nicht groß darüber, sondern befragen Sie einfach Ihr Herz!
Gibt es in Ihrem Arbeitsteam kommunikative Probleme? Nehmen Sie sich heute genug Zeit, um nach Lösungen zu suchen. Dann werden Sie fündig.

Tipp Der Mondstand ist für die Ernte und das Einlagern ideal. Und falls gerade kein Frost herrscht, kann man nun Pastinaken und Meerrettich ernten.

10
Montag

15.48

Ihre jetzt besonders kommunikative Art befähigt Sie dazu, auch schwierige Gesprächspartner zu veranlassen, Ihnen ganz genau zuzuhören.
Suchen Sie zudem in einer Partnerschaftsangelegenheit nach einem fairen Kompromiss. Auch wenn Sie glauben, an diesem Widdertag allein Ihren Willen durchsetzen zu können!

Führen heißt wissen, was man will.
Thomas Ellwein

11
Dienstag

Elementegruppe: Erde
Besondere Nahrungsverträglichkeit: Salz
Beeinflusster Pflanzenteil: Wurzel
Dominierte Körperregionen: Kiefer, Hals, Nacken

Vorsicht!
Wenn der Mond im Stier steht, hat man am Schlemmen viel Freude. Achten Sie im Fall von Bluthochdruck jetzt, da der Mond auch noch zunimmt, aber ganz besonders auf Ihren Salzkonsum!

Gespür für die Finanzen
Falls Sie für Ihre Firma größere Anschaffungen organisieren müssen, ist dieser Stiertag optimal, um sich genauer mit dem Budget zu befassen.

Für alle Fälle
Jeder, der nun eine Erkältung nahen spürt, sollte ein heilendes Bad nehmen. Bei der jetzigen Mondkonstellation ist das sehr erfolgversprechend.

12
Mittwoch

Für die Schönheit des Gartens
Jahreszeit und Mondkonstellation stimmen, und wenn es momentan auch noch frostfrei ist, kann man nun problemlos Laubgehölze verpflanzen.

Shoppen
Nun macht das Einkaufen ziemlich viel Spaß, und trotzdem hat man einen klaren Blick fürs Preis-Leistungs-Verhältnis. Achten Sie einmal darauf!

Gewusst wie
Heute kann es passieren, dass Ihr Partner nicht so möchte wie Sie. Und Sie erhalten die Harmonie zwischen Ihnen, indem Sie einfach mal nachgeben.

Man muss nicht das Gescheitere tun, sondern das Bessere.
Jakob Boßhart

13
Donnerstag

04.09

> *Elementegruppe:* Luft
> *Besondere Nahrungsverträglichkeit:* Fett
> *Beeinflusster Pflanzenteil:* Blüte
> *Dominierte Körperregionen:* Schultern, Arme, Hände

Mond und Blumen
Die jetzige Mondkonstellation begünstigt die Blumenwelt. Also können Sie schon mal im Freien Frostkeimer, wie Primel, Eisenhut oder Iris, aussäen. Mondphase und -stand sind auch günstig, um Knollen und Zwiebeln vortreiben zu lassen sowie in Anzuchttöpfen Pelargonien zu säen.

14
Freitag

Haare und Schultern

- Haben Sie zu trockenes Haar? Dagegen hilft vor allem an Lufttagen eine Pflegepackung mit Olivenöl, das Ihre Haare wirksam ernähren kann.
- Sind Sie vom Sitzen vor dem Computer im Schulterbereich verspannt? Da kann in dieser Mondphase eine stärkende Massage viel bewirken!

Falls an diesem Zwillingetag ein **Familientreffen** geplant ist, sollten Sie unbedingt daran teilnehmen. Das wird keinesfalls zu Ihrem Nachteil sein!

15
Samstag

17.12

Mondpause
Ab 03.23 Uhr haben wir eine knapp 14-stündige Mondpause zu verzeichnen. Falls Sie demnächst eine Prüfung abzulegen haben, sollten Sie Ihre momentane Konzentrationsfähigkeit nutzen, um dafür zu lernen.

Intensität
Verbringen Sie heute Ihre Freizeit mit dem Partner oder guten Freunden. Das dürfte für Sie an diesem Zwillingetag die beste Erholung sein!

Januar

16
Sonntag

Elementegruppe: **Wasser**
Besondere Nahrungsverträglichkeit: **Kohlenhydrate**
Beeinflusster Pflanzenteil: **Blatt**
Dominierte Körperregionen: **Magen, Lunge, Galle, Leber**

Freizeit

Ein Krebstag bei zunehmendem Mond ist optimal, um sich nach allen Regeln der Kunst auszuruhen. Zudem hat man jetzt viel Sinn für alle Formen von Meditation und Innenschau. Igeln Sie sich zumindest am Abend gemütlich ein, hören Sie Musik bei gedämpftem Licht, und faulenzen Sie. Dabei werden Sie am besten Ihre innere Balance wiederfinden!

Alles hat seine Tiefen.
Wer Augen hat, der sieht alles in allem.
Georg Christoph Lichtenberg

17
Montag

Körper und Seele

- Tun Sie an Krebstagen etwas für Lunge und Bronchien. Machen Sie z. B. zur Kräftigung gleich nach dem Aufstehen Atemübungen.
- Wer eine besonders empfindliche Bauchspeicheldrüse hat, muss sich bei diesem Mondstand in Acht nehmen und zu viel Fett sowie Zucker meiden.
- Bei dieser Mondkonstellation ist das Gefühl stärker als der Verstand. Daher sollten Sie sich zu nichts überreden lassen, was Sie ablehnen.

Mond und Job

Manchmal braucht man einfach länger, bis man sich in ein neues Aufgabengebiet eingearbeitet hat. Etwas Geduld, wenn es heute nicht gleich klappt!

Haushalt?

Warten Sie mit der großen Wäsche möglichst noch bis übermorgen. Dann ist die Mondphase wesentlich günstiger!

18

Dienstag

0.50

05.04

Elementegruppe: ***Feuer***
Besondere Nahrungsverträglichkeit: ***Eiweiß***
Beeinflusster Pflanzenteil: ***Frucht***
Dominierte Körperregionen, -funktionen: ***Herz, Kreislauf, Blutdruck***

! Sie sollten heute nicht aus purer Lust an der Provokation Dinge verändern, die sich eigentlich immer sehr gut bewährt haben. Denken Sie wenigstens zuerst über die möglichen Reaktionen der anderen sowie eventuelle negative Folgen nach!

Vorsichtig bleiben
Besonders bei Vollmond im Löwen sollten Menschen mit Herz- oder Kreislaufproblemen auf besonders große körperliche Anstrengungen verzichten.

Sensibilität beweisen
- Zeigen Sie dem Partner nicht gerade heute, dass Sie für alle Zeit haben – nur nicht für ihn! Sonst müssen Sie mit einem Eifersuchtsanfall rechnen.
- Die Mondphase übt auch sehr intensive Impulse auf die Pflanzenwelt aus. Vorsicht: Pflanzen jetzt zurückzuschneiden kann für sie tödlich sein!

Für Vorrat sorgen
Bei dieser Mondkonstellation ist das Einfrieren, aber auch das Einkochen von Obst (natürlich auch die Marmeladenherstellung) günstig.

Auf Qualität achten
Begehen Sie heute nicht den Fehler, alles Berufliche nur möglichst schnell wegzuarbeiten. Auch nun ist das Einzige, was wirklich zählt, die Qualität Ihrer Leistung!

Ein spezieller Genuss
Widmen Sie den Abend dem Partner. Genießen Sie die Vollmondstimmung, und tauchen Sie gemeinsam in Ihre ganz persönliche Welt ab.

Die Liebe ist die Poesie der Sinne.
Honoré de Balzac

19
Mittwoch

Elementegruppe: **Feuer**
Besondere Nahrungsverträglichkeit: **Eiweiß**
Beeinflusster Pflanzenteil: **Frucht**
Dominierte Körperregionen, -funktionen: **Herz, Kreislauf, Blutdruck**

Einen Versuch wert
Öffnen Sie sich für die Impulse des Löwemonds! Dann können Sie mit Witz und Spontaneität bei den anderen viel mehr erreichen als mit einem sturen Plan, den Sie Punkt für Punkt umsetzen.

Äußerliche Pracht
Haben Sie heute einen Friseurtermin? Ein Schnitt bei dieser Mondkonstellation bedingt, dass die Haare langsamer, dafür aber dichter nachwachsen.

Nicht warten, sondern handeln
An diesem Löwetag verfügen Sie über sehr viel Selbstvertrauen. Daher ringen Sie sich zu einem Anruf durch, der Ihnen viel Positives bringen kann.

20
Donnerstag

15.03

Aufbruchsstimmung Haben Sie sich für heute viel vorgenommen? Von 09.17 bis 11.17 Uhr bilden Mond und Mars ein Trigon: Ob Sie wegfahren, im Haus etwas erledigen wollen oder arbeiten müssen – legen Sie nun los! Sie strotzen nämlich vor Motivation und Energie.

Das Gefühl unserer Kräfte steigert sie.
Vauvenargues

Haus und Garten
- In dieser Mondphase werden Ihnen die verschiedensten Reinigungstätigkeiten wieder viel leichter und effektiver von der Hand gehen.
- Folgende Arbeiten sind bei der jetzigen Mondkonstellation günstig: Gehölze schneiden, Laufplatten legen und Holz einschlagen, da es gut trocknet.

21 Freitag

Elementegruppe: **Erde**
Besondere Nahrungsverträglichkeit: **Salz**
Beeinflusster Pflanzenteil: **Wurzel**
Dominierte Körperfunktionen: **Stoffwechsel, Verdauung**

Für Körper und Wohlgefühl

- Verzehren Sie an Jungfrautagen Obstsorten, die schonend oder heilend auf den Darm wirken: z. B. Ananas, Äpfel, Birnen oder Grapefruits.
- Mondphase und -stand sind auch für die Herstellung von Kräuterkissen geeignet. Füllungen mit Hopfen oder Dill verbessern beispielsweise spürbar die Nachtruhe.

Für das Heil der Pflanzen

- Zimmerpflanzen, die dringend eine Zwischendüngung für die Stärkung ihrer Wurzeln benötigen, können Sie z. B. an diesem Erdtag versorgen.
- Wer ein Treibhaus besitzt, kann dort nun schon Saatzwiebeln, Lauch und Rettich säen bzw. pflanzen. Die Mondkonstellation ist sehr günstig.

22 Samstag

23.04

Tipp Streit, aber auch nur Kritik kann jetzt Kontakte aller Art langfristig beeinträchtigen. Überlegen Sie also wirklich gut, was Sie riskieren wollen!

Mond und Gesundheit
Sie überlegen, was Sie heute kochen sollen? Kartoffeln. Da haben Sie viele Möglichkeiten und tun zugleich Verdauung und Stoffwechsel etwas Gutes!

Tipp Beim jetzigen Mondstand shoppen zu gehen ist nicht so riskant, weil man sehr darauf achtet, nicht zu viel auszugeben. Und sehr viel Spaß macht es auch noch!

Einsicht
Die Zeit von 16.54 bis 18.54 Uhr (Mond-Pluto-Trigon) ist für eine ehrliche Selbstkritik hervorragend geeignet. Eigene Fehler zu erkennen und sich ohne Ausreden einzugestehen fällt nun viel leichter.

23 Sonntag

Elementegruppe: **Luft**
Besondere Nahrungsverträglichkeit: **Fett**
Beeinflusster Pflanzenteil: **Blüte**
Dominierte Körperregionen: **Hüfte, Nieren, Blase**

! Heute empfinden Sie besonders viel **Leidenschaft** für das andere Geschlecht. Seien Sie aber bei allem, was Sie tun, stets behutsam genug und fordern Sie nichts mutwillig heraus. Sonst könnte es großen Ärger geben!

Effizienz

Haben Sie auch am Wochenende etwas für den Job wegzuarbeiten? Alles, wofür ein besonders hohes Maß an Feingefühl erforderlich ist, gelingt bei diesem Mondstand sehr gut.
Sperren Sie heute, wann immer möglich, den Alltag aus, und konzentrieren Sie sich bei der Freizeitgestaltung auf **das Schöne im Leben**: wie Freunde treffen, fein essen, Musik hören ...

24 Montag

Auf dem richtigen Weg

Sie lassen sich von der Kritik neidischer Kollegen nicht beirren und stehen an diesem Waagetag zu Ihren Ideen. Das trägt dazu bei, dass Ihre Kreativität nicht so schnell versiegt.

Haushalt

- Falls Sie an irgendeiner Wand Feuchtigkeit oder sogar Schimmel beseitigen möchten, sollten Sie das bei dieser Mondkonstellation tun.
- Nützen Sie die Mondphase, um wieder einmal die Speisekammer sowie alle leeren Steinguttöpfe gründlich zu säubern.

Die Krönung des Tages

Ein gemütlicher Abend zu Hause – zu zweit mit dem Partner oder im Kreis der Familie – kann diesen Waagetag für Sie perfekt abrunden.

25
Dienstag

14.42

04.58

Elementegruppe: **Wasser**
Besondere Nahrungsverträglichkeit: **Kohlenhydrate**
Beeinflusster Pflanzenteil: **Blatt**
Dominierte Körperregionen: **Sexualorgane, Harnleiter**

Haus und Garten

- Jetzt ist es z.B. günstig, Kacheln zu reinigen, die mittlerweile matt sind. Reiben Sie sie mit einem in Salmiaklösung getauchten Fensterleder ab.
- Im beheizten Treibhaus oder auch im Mistbeet kann bei dieser Mondkonstellation schon Blattgemüse wie Frühkohl oder Kopfsalat gesät werden.

Die reine Wohltat

Geht Ihnen an diesem Skorpiontag so manches Problem durch den Kopf? Schalten Sie ab, entspannen Sie! Diese Bäder helfen dabei:

- **Baldrianbad** mit 3 EL Baldriantinktur im Vollbad
- **Fenchelbad** mit Kräuteraufguss aus 100 g Fenchel im Vollbad.

26
Mittwoch

Linderungstee für an Skorpiontagen oft starke Regelblutungen: 2 TL Hirtentäschel mit ½ l siedendem Wasser übergießen, 10 Min. ziehen lassen.

Bei diesem Mondstand entflammt sehr oft eine ungezügelte **Leidenschaft**. Dann empfindet man gewisse »Probleme« als so unbedeutend, wie sie auch in Wirklichkeit sind.

In der Zeit zwischen 17.49 und 19.49 Uhr, wenn Mond und Neptun ein Trigon bilden, lassen Sie sich von niemandem dreinreden. Da sind Sie sich intuitiv ganz sicher, auch allein eine sehr gute **Entscheidung** zu treffen.

Verbringen Sie einen gemütlichen Abend zu Hause – bei Kerzenschein und ruhiger Musik. Das lässt Sie träumen und macht Ihre **Entspannung** perfekt.

Gefühle sind im Traum echter als im Wachzustand.

Leo N. Tolstoi

27 Donnerstag

08.36

Elementegruppe: *Feuer*
Besondere Nahrungsverträglichkeit: *Eiweiß*
Beeinflusster Pflanzenteil: *Frucht*
Dominierte Körperregionen: *Oberschenkel, Venen*

Kontaktfähigkeit an Schützetagen
Scheuen Sie sich jetzt nicht vor Offenheit. Die wird man momentan wahrscheinlich viel eher schätzen als sämtliche diplomatischen Tricks.
Wenn beispielsweise in Ihrem Kollegenteam schon länger ein Konflikt schwelt, ist nun der richtige Zeitpunkt, das Problem zu lösen. Sie können höchstwahrscheinlich etwas bewegen!

Sinnvolle Gartenarbeit
- Heute steht der abnehmende Mond im Schützen. Das ist eine optimale Zeit, um den Obstbaum-Winterschnitt abzuschließen.
- Falls Sie noch etwas zu ernten haben, z. B. Grün- oder Rosenkohl, können Sie davon profitieren, dass der Mond nun wieder aufsteigt.

28 Freitag

Gesundheitstipp Vieles ist an diesem Schützetag günstig: z. B. ein Zahnarztbesuch, Entschlackungsmaßnahmen, Warzen entfernen und Nägel ziehen.

Sicherer Hafen
Das Vertrauen in Ihrer Partnerschaft schweißt Sie jetzt mit dem anderen noch fester zusammen. Das trägt wesentlich zu Ihrer seelischen Balance bei.

Empfehlenswert
Die Beschäftigung mit juristischer Materie wird von der jetzigen Mondkonstellation sehr unterstützt. Packen Sie's an, wenn etwas Wichtiges vorliegt!

Mondpause
Sie erstreckt sich von 20.01 Uhr bis morgen kurz nach 10.
Fühlen Sie sich abends noch unternehmungslustig genug, um Freunde zu treffen? Tun Sie genau das – es wird Ihnen großes Vergnügen bereiten!

29
Samstag

10.10

Elementegruppe: Erde
Besondere Nahrungsverträglichkeit: Salz
Beeinflusster Pflanzenteil: Wurzel
Dominierte Körperregionen: Knie, Haut, Knochen

Der Umgang miteinander

Der Steinbockmond trägt erfahrungsgemäß dazu bei, dass im Fall von Interessenkonflikten letztlich immer genug Kompromissbereitschaft über Bockbeinigkeit siegen kann.
Und wer sich heute im Job vor allem auf die Pflicht und nicht nur die Kür konzentriert, bedingt entscheidend mit, dass Konflikte mit Kollegen wegen unwichtiger Dinge ausgeschlossen sind.

Wer festen Willens strebt nach Güte, wird nie aus Bosheit handeln.
Konfuzius

30
Sonntag

Mond und Haut

- Nun ist es empfehlenswert, Körperhaare zu entfernen. Da bei abnehmendem Mond die Haut weniger durchblutet ist, wird es weniger schmerzhaft.
- Zudem ist auch die optimale Mondkonstellation für alle Methoden zur Tiefenreinigung und Entspannung der Haut gegeben. Genießen Sie es!

Weiter in Sachen Schönheit

Sie sollten nun wieder einmal an Ihre Nägel denken. Sowohl eine ausführliche Maniküre als auch Pediküre werden vom Mond im Tierkreiszeichen Steinbock nun besonders begünstigt.

Ausgeglichenheit

Vor allem in den Sonntagsstunden zwischen 20.49 und 22.49 Uhr (Mond-Neptun-Sextil) sollten Sie sich Zeit und Ruhe gönnen, um in sich hineinzuhören. Dabei können Sie viel Frieden mit der Welt empfinden.

31
Montag

10.44

Elementegruppe: Luft
Besondere Nahrungsverträglichkeit: Fett
Beeinflusster Pflanzenteil: Blüte
Dominierte Körperregionen: Unterschenkel, Venen

Auf die richtige Ernährung achten
Buchweizen hilft bei Besenreisern, Venenleiden, Krampfadern. An Schütze- und Wassermanntagen gegessen, kann er noch effektiver wirken.

Vorsicht vor Enttäuschungen!
Bei diesem Mondstand halten sich Ichbezogenheit und aufrichtiges Interesse am anderen leider oft die Waage. Bei neuen Kontakten sollte man deshalb erst mal ganz genau hinsehen und -hören!

Mond und Haushalt
Nützen Sie den Tag, um alles zu putzen, was nun sauber sein sollte. Die kommenden Mondphasen sind dafür nämlich weniger geeignet.

1
Dienstag

06.47

Neumond im Wassermann: Da könnten Ihre Beine schnell überfordert sein. Also die Beine auch mal schonen und möglichst zwischendurch hochlegen!

Haus und Garten
- Wassermanntage sind prinzipiell gute Backtermine. Aber bei Neumond muss man auch in diesem Fall damit rechnen, dass der Teig nicht aufgeht!
- Fahren Sie mit dem Winterschnitt fort. Denn ab morgen nimmt der Mond wieder zu, und bis Monatsende sollte diese Arbeit abgeschlossen sein.

Um 12.02 Uhr beginnt eine **Mondpause**, die 24 Stunden lang währt. Möchten Sie Ihre Freizeit nicht immer im selben Trott verbringen? Nehmen Sie sich abends einmal genügend Zeit, und denken Sie über Alternativen nach. Diese Mondphase wird Sie sicher zu Neuem inspirieren!

2 Mittwoch

12.01

Mariä Lichtmess

Elementegruppe: **Luft**
Besondere Nahrungsverträglichkeit: **Fett**
Beeinflusster Pflanzenteil: **Blüte**
Dominierte Körperregionen: **Unterschenkel, Venen**

! Bleiben Sie auf dem Boden! Bei aller Begeisterung heute sollten Sie immer bedenken, dass wahrscheinlich nicht jeder Ihre Einstellung teilen wird. Und bemühen Sie sich um sachliche Argumente, falls Sie dieses Thema unbedingt diskutieren wollen.

Vorbeugen ist besser ...

Sie haben die Erfahrung gemacht, dass Ihnen fettes Essen oft nicht gut bekommt? Dann sollten Sie bei der jetzigen Mondkonstellation auch besser darauf verzichten, um Probleme zu vermeiden!

Haus und Garten

- Gegen das Grau des Winters hilft nur viel Farbe – beispielsweise die von frisch geschnittenen und an einem Blütentag besonders intensiv duftenden Blumen.
- Nutzen Sie den Lufttag beispielsweise für Reparaturen im Haushalt. Alles, was mit Einrichten, Ordnen und Verstauen zu tun hat, gelingt ebenso.
- Im Garten fleißig? Für den Fall, dass in diesen Tagen kein Frost herrscht, ist bei zunehmendem Wassermannmond ein guter Zeitpunkt gegeben, um Obstgehölze zu veredeln.

Keine Alleingänge

- Grundsätzlich: Der Mond steht im Wassermann und wandert mittags in die Fische. Wer sich jetzt ernsthaft darum bemüht, macht bereichernde zwischenmenschliche Erfahrungen.
- Beruflich: Sie wissen, was Sie wollen, und haben eine klare Richtung vor Augen? Falls Sie dann noch die Meinung Ihrer Kollegen berücksichtigen, klappt alles!

Feierabend so oder so

Fühlen Sie sich abends müde, haben aber noch etwas vor? Nehmen Sie einfach ein Bad mit Holunderauszügen. Das trägt zur Fitness bei!
Aber auch: Weniger ist oft mehr. Daher sollten Sie Freizeitstress vermeiden und sich die nötige Muße gönnen, falls Sie sich eigentlich erholen möchten.

3
Donnerstag

Elementegruppe: **Wasser**
Besondere Nahrungsverträglichkeit: **Kohlenhydrate**
Beeinflusster Pflanzenteil: **Blatt**
Dominierte Körperregionen: **Füße, Zehen**

Nützen Sie unbedingt die **Vormittagsstunden** von 07.36 bis 09.36 Uhr (Mond-Venus-Sextil), wenn Sie zurzeit besonders viel Kreativität benötigen! Sie werden sie jetzt mit großer Sicherheit entwickeln können.

Richten Sie die **Abendgestaltung** konsequent an Ihrer Stimmung aus. Sagen Sie z. B. eine Verabredung, auf die Sie keine Lust haben, besser ab! Und beschließen Sie diesen Tag mit einer regenerierenden Fußreflexzonenmassage. Das wird Sie schnell ein- und gut durchschlafen lassen.

Ein Glück ist's, dass jedem
nur sein eigner Zustand zu behagen braucht.
Goethe

4
Freitag

15.58

Stimmungsschwankungen?
Vielleicht zweifeln Sie heute kurzzeitig Gefühle an, derer Sie sich gestern noch völlig sicher waren. Nur eine Stimmung, die mit dem Mondstand zu tun haben könnte: Also nicht gleich Konsequenzen ziehen!

Holz, Gemüse, Kräuter
- Am heutigen Fischetag ist beispielsweise das Einschlagen von Bretter-, Säge- und Bauholz vom Mond besonders begünstigt.
- Im beheizten Treibhaus oder Mistbeet können schon Endivie, Kohlrabi, Blumenkohl, Pflück- und Schnittsalat gesät werden.
- Sorgen Sie für Nachschub von frischen Vitaminen, indem Sie jetzt auf der Fensterbank neue Küchenkräuter aussäen, z. B. Kresse und Petersilie.

Tipp Nehmen Sie abends ein ausgiebiges Schönheitsbad, z. B. mit Kamille. Das wird Ihr körperliches und ebenso seelisches Wohlbefinden fördern.

5
Samstag

> *Elementegruppe:* Feuer
> *Besondere Nahrungsverträglichkeit:* Eiweiß
> *Beeinflusster Pflanzenteil:* Frucht
> *Dominierte Körperregionen:* Kopf, Gesicht

Mondstand und Beschwerden
Haben Sie entzündete Augen? Dabei kann auch der zunehmende Widdermond eine Rolle spielen. Kompressen mit Eibischsud helfen!

Frisch Gebackenes ...
Wie wär's zum Wochenende mit einem duftenden Kuchen, selbst gebacken? Aufgrund von Mondphase und -stand wird er Ihnen gut gelingen!

... und frische Vitamine
Bei dieser Mondkonstellation können Sie auf dem warmen Fensterbrett Vorkulturen für Tomaten und Auberginen anlegen und im beheizten Treibhaus Fruchtgemüse aussäen: z. B. Puffbohnen und Paprikaschoten.

6
Sonntag

23.54

Seele
Heute verstehen Sie sich mit dem Partner blendend. Sie zeigen ihm deutlich Ihre Gefühle – und zwar nicht durch große Gesten, sondern mit den Augen!

Botschaften werden vom Auge weitergegeben,
manchmal ganz ohne Worte.
Anaïs Nin

Magen
Sonntagsköche aufgepasst: Mondphase und -stand tragen dazu bei, dass erhitztes Fett schnell entflammen kann. Also ist Vorsicht angebracht!

Körper
Nützen Sie diesen Widdertag für den körperlichen Ausgleich. Keine Lust oder Zeit auf bzw. für Sport? Dann gehen Sie doch zumindest spazieren!

7
Montag

Elementegruppe: *Erde*
Besondere Nahrungsverträglichkeit: *Salz*
Beeinflusster Pflanzenteil: *Wurzel*
Dominierte Körperregionen: *Kiefer, Hals, Nacken*

Immer wenn der Mond aufsteigt, nämlich den Tierkreis von Schütze bis Stier durchwandert, ist die Herstellung von **Kräutersalben** besonders günstig.

Haben Sie schon Ihren neuen **Komposthaufen** angelegt? Falls ja, ist es sehr erfolgversprechend, ihn bei dieser Mondkonstellation festzustampfen.

Falls Sie mit einem Kollegen oder dem Partner etwas **Wichtiges zu klären** haben, sollten Sie das gleich tun. Der heutige Mondstand ist sehr passend! So beispielsweise zwischen 16.59 und 18.59 Uhr, wenn Mond und Jupiter ein Sextil bilden, was zu einer sehr optimistischen Stimmung beiträgt: Jetzt bringt man Ihnen viel Sympathie entgegen, weil Sie sich als besonders sensibel und großzügig erweisen.

8
Dienstag

14.51

Tipp Der zunehmende Mond steht im Stier und begünstigt somit vor allem das Einschlagen von Brennholz für das Kaminfeuer.

Berufsleben
Bei Anlaufschwierigkeiten einfach dranbleiben! Die Übung macht den Meister. Mit etwas Geduld wird es bei diesem Mondstand sicher klappen!

Freizeit
Vor allem das, was Ihnen guttut, sollte heute auf dem Programm stehen: Familie, Partner, Freunde oder für den Einzelgänger auch die Hingabe ans ganz besondere Hobby.

Vergnügen macht hungrig. Freude satt.
Paul Mommertz

9 Mittwoch

11.28

Elementegruppe: Luft
Besondere Nahrungsverträglichkeit: Fett
Beeinflusster Pflanzenteil: Blüte
Dominierte Körperregionen: Schultern, Arme, Hände

Mond und Körper

- Wenn der zunehmende Mond in den Zwillingen steht, ist gegen rheumatische Beschwerden im Schulterbereich eine stärkende Massage sehr gut.
- Gegen Bronchitis – vor allem bei dieser Mondkonstellation verstärkt – hilft eine Inhalation mit Teebaumöl oder der Konsum von Fenchelgemüse und -tee.

10 Donnerstag

Eigenanbau

Besonders für die Blüten von auf der Fensterbank gezogenen Küchenkräutern ist an diesem Lufttag ein guter Erntetermin.

- Das Säen von Kaltkeimern sollte Ende Februar abgeschlossen werden. Die Mondkonstellation heute und morgen ist sehr günstig dafür.
- Haben Sie schon Ihre Balkongeranien eingepflanzt, um sie in einem kühlen Raum anwachsen zu lassen? Mondphase und -stand passen jetzt.

11 Freitag

Mondpause

Sie beginnt um 09.24 Uhr und dauert 15 Stunden. Sie sollten sich gerade heute sehr gewissenhaft mit Ihren beruflichen Tätigkeiten befassen, dann wird Ihnen auch kein peinlicher Fehler passieren.

Erholung

Verbringen Sie am Abend dieses Zwillingetags so viel Zeit wie möglich mit Ihrem Partner oder im Freundeskreis. Das wird Sie sehr bereichern!

Elementegruppe: ***Wasser***
Besondere Nahrungsverträglichkeit: ***Kohlenhydrate***
Beeinflusster Pflanzenteil: ***Blatt***
Dominierte Körperregionen: ***Magen, Lunge, Galle, Leber***

12 Samstag

00.28

Fensterbank und Treibhaus

- Wer auf der Fensterbank Kräuter zieht, sollte bei dieser günstigen Mondkonstellation Blattkräuter ernten. Ihr Aroma wird sehr intensiv sein.
- Mondphase und -stand unterstützen die Ansaat von Blumenkohl, Kohlrabi, Endivie und Pflücksalat im Treibhaus oder Mistbeet.

13 Sonntag

Gefühl und Verstand

- Sie haben es an diesem Krebstag ganz allein in der Hand, ob Ihre egoistische oder Ihre freundschaftliche Seite die Oberhand gewinnt. Versuchen Sie also, alle bösen Geister zu vertreiben!
- Heute könnte es sein, dass Sie im Überschwang der Gefühle Zugeständnisse machen, die Sie schon bald wieder bereuen. Bleiben Sie vorsichtig!
- Falls Sie Familienangelegenheiten klären müssen, sollten Sie sich nun mal genügend Zeit dafür nehmen. Heute wird Ihnen viel gelingen.

14 Montag

12.18

Valentinstag

Krebsmond und Verdauung

- Nehmen Sie bei zunehmendem Mond im Krebs nur wenig fette Nahrung und Alkohol zu sich. Leber und Galle sind jetzt besonders empfindlich.
- Auch bei geringen Anlässen schneller als sonst Magenbeschwerden zu bekommen ist nun keine Seltenheit. Dagegen kann allerdings Anistee sehr gut helfen:
  2 TL Aniskörner mit ¼ l heißem Wasser übergießen, etwas ziehen lassen. Schließlich abseihen und 2 bis 3 Tassen trinken.

15 Dienstag

Elementegruppe: Feuer
Besondere Nahrungsverträglichkeit: Eiweiß
Beeinflusster Pflanzenteil: Frucht
Dominierte Körperregionen, -funktionen: Herz, Kreislauf, Blutdruck

Mond und Gesundheit

- Morgen ist Vollmond. Daher müssen Sie bei der Einnahme von Medikamenten die Dosierungsanweisungen jetzt ganz genau beachten.
- Verzichten Sie momentan auch möglichst auf Alkohol. Trinken Sie besser selbst gepressten Saft – das Entsaften von Früchten ist jetzt besonders ergiebig!

Tipp Falls das Wetter mitspielt, ist nun der passende Termin für ein erstes Umgraben der Beete. Nehmen Sie dafür nach Möglichkeit einen Kultivator.

Selbstbeherrschung

Wenn Sie an diesem Löwetag mit dem Partner ausgehen oder Freunde treffen, sollten Sie immer versuchen, Ihr Temperament etwas zu zügeln.

16 Mittwoch

17.58

21.44

! Haben Sie gleich morgens den Kopf voller Sorgen? Denken Sie daran, wie alles sein wird, wenn Ihre Probleme erst einmal gelöst sind. Das kann Sie mit Sicherheit motivieren!

Beim heutigen Vollmond zu beachten!

- Von Schnittarbeiten ist in dieser Mondphase unbedingt abzusehen. Und selbst das Düngen ist wegen des Mondstands besser zu unterlassen.
- Auch alle Arbeiten mit Holz sind nun ungünstig. In der Zeit des Vollmonds arbeitet Holz nämlich mehr und kann daher leichter reißen als sonst.

Tipp Wie wär's mit einem Museumsbesuch? Wenn der Mond im Löwen steht, ist man in aller Regel vor allem für moderne Kunst aufgeschlossen.

17
Donnerstag

Elementegruppe: Erde
Besondere Nahrungsverträglichkeit: Salz
Beeinflusster Pflanzenteil: Wurzel
Dominierte Körperfunktionen: Stoffwechsel, Verdauung

Jungfraumond und Ernährung
An Jungfrautagen besteht ein höheres Risiko für Verdauungsschwierigkeiten. Daher ist es angeraten, besonders fettarme Gerichte vorzuziehen. Und falls Sie jetzt den Impuls verspüren, nichts oder nur wenig zu essen, sollten Sie ihm nachgeben. Bei diesem Mondstand ist das zu begrüßen.

Das Frühbeet
Herrscht schon mildes Klima? Dann beginnt langsam das Gartenjahr. Zu empfehlen ist jetzt das Packen des Frühbeetkastens: beispielsweise mit Pferdemist, damit das Beet sich richtig gut erwärmen kann. Dort können dann Knoblauch, Möhren, Radieschen sowie Zwiebeln ausgesät werden.

18
Freitag

Aufbruchsstimmung
In der Zeit zwischen 07.14 und 09.14 Uhr (Mond-Mars-Trigon) glückt Ihnen ein optimaler Start in den Arbeitstag. Sie gehen mit klar geordneten Gedanken an die Erfüllung Ihrer Pflichten und werden dabei von großer Motivation beflügelt.

»Lärm« vermeiden!
- Keine Vorwürfe machen, wenn Sie momentan das Verhalten Ihres Partners stört! Vermeiden Sie auch eine Aussprache vor übermorgen!
- Nehmen Sie sich für den heutigen Abend nicht Besonderes vor. Faulenzen Sie einfach – dabei können Sie sich jetzt am besten erholen!

Die beste Wärterin der Natur ist Ruhe.
Shakespeare

19 Samstag

04.52

Elementegruppe: **Luft**
Besondere Nahrungsverträglichkeit: **Fett**
Beeinflusster Pflanzenteil: **Blüte**
Dominierte Körperregionen: **Hüfte, Nieren, Blase**

Selbstdisziplin
Beklagen Sie sich nicht über die heute nötigen Routineangelegenheiten, sondern erledigen Sie sie mit der Sorgfalt, zu der Sie fähig sind.

Obst-, Laub- und Nadelbäume
- Haben Sie im letzten Herbst Obstbäume gepflanzt? Die jetzige Mondkonstellation wäre beispielsweise für deren Pflanzschnitt sehr günstig.
- Der Mond steigt ab, was für das Aussäen neuer Laub- oder Nadelbäume sehr geeignet ist. Packen Sie's an, wenn die Witterung mitspielt!

Tipp Der Mond nimmt wieder ab. Wenn Sie eine Diät ohne irgendwelche Hilfsmittel machen wollen, sollten Sie diese Phase dafür nützen.

20 Sonntag

Trinken Sie heute viel Mineralwasser. So werden die **Nieren** gut durchgespült und im Falle sportlicher Anstrengung verlorene Mineralstoffe ersetzt.

Egal, ob Sie nun den großen Frühjahrsputz vorhaben oder nur ein paar Kleinigkeiten **reinigen** wollen – dieser Waagetag ist optimal dafür.

In den Tagen nach Vollmond ist das Schreiben von **Bewerbungen** besonders günstig. Jetzt dürften Ihnen jede Menge gute Argumente einfallen.

Sie sollten sich für heute **nicht allzu viel vornehmen**: vielleicht etwas lesen, Musik hören, die Gedanken ordnen – und schließlich früh ins Bett gehen.

Selig der Mensch, der immer das Gespür
für den richtigen Zeitpunkt hat.
Stefan Fleischer

Elementegruppe: Wasser
Besondere Nahrungsverträglichkeit: Kohlenhydrate
Beeinflusster Pflanzenteil: Blatt
Dominierte Körperregionen: Sexualorgane, Harnleiter

21 Montag – 10.20

Mond und Körper

- Unterleibsbeschwerden sind bei diesem Mondstand keine Seltenheit. Avocados und Brokkoli lindern z. B. Menstruationsbeschwerden.
- Wenn der Mond in Waage oder Skorpion steht, sollte man sich unbedingt vor Unterkühlung schützen, um eine Blasenentzündung zu vermeiden.

22 Dienstag

Gründüngung

Die jetzige Mondkonstellation begünstigt es, überwinterte Gründüngung in den Boden einzuarbeiten und frische Gründüngung zu säen.

Stilbewusstsein

An Skorpiontagen besitzt man einen sicheren Blick für Formen und Farben. Deshalb hat man jetzt erfahrungsgemäß auch richtig Lust, sich intensiver mit Mode zu beschäftigen.

23 Mittwoch – 23.34 – 14.30

Alle Hände voll zu tun

Der Mond unterstützt nun die Erledigung von geschäftlicher Korrespondenz, Werbeangelegenheiten und Projektplanungen.

Die perfekte Lösung Sie wollen die grundsätzliche Harmonie in Ihrer Beziehung nicht gefährden und ersticken deshalb an diesem Skorpiontag jeglichen aufkommenden Streit gleich im Keim.

24
Donnerstag

Elementegruppe: Feuer
Besondere Nahrungsverträglichkeit: Eiweiß
Beeinflusster Pflanzenteil: Frucht
Dominierte Körperregionen: Oberschenkel, Venen

Auf Trab bleiben

- Falls Ihre berufliche Tätigkeit mit Bewegungsmangel verbunden ist, müssen Sie für genug körperlichen Ausgleich sorgen – z. B. spazieren gehen.
- Wechselduschen und Bürstenmassagen können einen wertvollen Beitrag dazu leisten, dass Sie sich wieder richtig wohl auf Ihren Beinen fühlen.

Tipp An diesen Schützetagen haben Sie genügend Energie und Mut, um endlich den einen oder anderen unnötigen Konflikt beizulegen.

In der Küche

Seien Sie an Feuertagen beim Erhitzen von Fett grundsätzlich sehr vorsichtig. Fett kann da nämlich sehr heiß werden und zu brennen beginnen!

25
Freitag

17.29

Haus und Garten

- Überprüfen Sie bei diesem Mondstand wieder einmal Ihre Vorräte in Küche und Keller, um herauszufinden, was man besser aussondern sollte.
- Heute ist aufgrund der Mondkonstellation der letzte optimale Termin, um endgültig den Winterschnitt am Kernobst abzuschließen.

Heute herrscht ab 04.26 Uhr eine 13-stündige **Mondpause**.
Konzentrieren Sie sich während dieser Zeit stets auf das Wesentliche. Beschäftigen Sie sich z. B. nicht groß damit, was bei einer Verhandlung schiefgehen könnte. Sondern überlegen Sie genau, auf welche Weise Sie am ehesten Erfolg haben werden.

Der Glaube an sich ist der wahre Glaube.
Erhard Blanck

26
Samstag

Elementegruppe: **Erde**
Besondere Nahrungsverträglichkeit: **Salz**
Beeinflusster Pflanzenteil: **Wurzel**
Dominierte Körperregionen: **Knie, Haut, Knochen**

Heimwerker aufgepasst
Der Mond begünstigt heute und morgen noch alle Malerarbeiten sowie aufwendigere Reparaturen am Dach: wie beispielsweise das Eindecken mit Ziegeln und das Reinigen von Ziegeln.

Gärtnern
Mittlerweile ist sicher schon Unkraut zu entdecken. Die jetzige Mondkonstellation ist optimal für das Jäten geeignet. Und bei mildem Wetter kann man bereits Wurzelgemüse (von Möhren bis Zwiebeln) ins Freiland säen.

Tipp Sie stellen Ihre Kosmetika ab und an selbst her? Der Steinbockmond begünstigt beispielsweise das Zubereiten von Kräutersalben.

27
Sonntag

19.37

Schöne Haut und Nägel
- Wer bei abnehmendem Mond im Steinbock seine Finger- oder Fußnägel schneidet, dem wachsen sie erfahrungsgemäß ziemlich kräftig nach.
- Tun Sie vor der Nachtruhe Ihrer Gesichtshaut noch etwas Gutes. Eine Maske aus 1 EL Quark und dem Saft von ½ Zitrone beruhigt sie z. B.

Kommunikation
- Zwischendurch gibt es in jeder Familie ein Problem zu lösen. Nützen Sie, falls nötig, den momentanen Mondstand für einen Familienrat.
- Besprechen Sie mit dem Partner einmal in aller Ruhe, was Sie in nächster Zeit zu erledigen haben und wie Sie das untereinander aufteilen.

Verantwortung ist vor allem Bekennen.
Erhard Horst Bellermann

28
Montag

Rosenmontag

Elementegruppe: Luft
Besondere Nahrungsverträglichkeit: Fett
Beeinflusster Pflanzenteil: Blüte
Dominierte Körperregionen: Unterschenkel, Venen

! Falls Sie sich jetzt Sorgen machen wegen etwas, das nur Sie wissen, aber auch andere betrifft, ist es besser, das erst mal für sich zu behalten. Warten Sie einen passenderen Moment ab, um es denen mitzuteilen, die auch informiert sein sollten.

Hin- und hergerissen

- Der jetzige Mondstand macht es nicht leicht, sich in Liebesangelegenheiten zu entscheiden. Stehen Sie aber unbedingt zu Ihren Gefühlen!
- Sie wissen nicht, ob Sie den Abend im Faschingstrubel oder besser allein zu Hause verbringen sollen? Hören Sie einfach ganz aufmerksam in sich hinein – das kann sicher helfen!

1
Dienstag

21.55

Fastnacht

Um 03.02 beginnt eine knapp 19-stündige **Mondpause**.
Passen Sie auf! Heute könnte nämlich so mancher Stolperstein im Weg liegen. Überdenken Sie alles sehr genau, achten Sie aber unbedingt auch auf Ihre Intuition.

Haus und Garten

- Viele Arbeiten sind nun besonders zu empfehlen: z. B. lüften, Metalle polieren, Schuhe putzen oder streichen und lackieren. Auch Ihr Obstlager sollten Sie jetzt wieder mal lüften.
- Kletterrosen ausdünnen oder Wildrosen zurückschneiden ist nun ebenfalls begünstigt.

Karnevalstreiben

Abends geht der Mond vom Wassermann in die Fische über. Egal, was Sie jetzt unternehmen – Sie sollten dabei nicht über die Stränge schlagen.

2
Mittwoch

18.36

Aschermittwoch

Elementegruppe: ***Wasser***
Besondere Nahrungsverträglichkeit: ***Kohlenhydrate***
Beeinflusster Pflanzenteil: ***Blatt***
Dominierte Körperregionen: ***Füße, Zehen***

Den Neumond nutzen

- Sie haben kranke Gehölze im Garten? Wenn Sie sie in dieser Mondphase zurückschneiden, können Sie mit ihrer baldigen Genesung rechnen.
- Neumond ist eine günstige Zeit, um eine Wohnung zu beziehen, Haustiere kastrieren zu lassen oder überall groß Ordnung zu schaffen.

Sich nicht selbst blockieren!

- Verlieren Sie heute im Job keinesfalls Zeit und letztlich vor allem auch Nerven mit Arbeit, die einfach nicht vorangehen will. Machen Sie nach Möglichkeit zuerst mit anderem weiter.
- Stehen Sie dazu, wenn Sie heute das Gefühl haben sollten, momentan etwas für sich allein sein zu müssen. Gute Freunde akzeptieren das!

3
Donnerstag

Die richtige Ernährung

Der Mond nimmt nun wieder zu – da ist es schon zweimal wichtig, auf die richtige Ernährung zu achten. Zudem kann an Fischetagen sogenanntes Nervenfutter nicht schaden. Im Folgenden finden Sie Obst, Gemüse und Kräuter, die beim jetzigen Mondstand besonders empfehlenswert sind:
Feigen stärken das Nervenkostüm und verbessern die Stimmung.
Weintrauben lindern Nervosität.
Brokkoli kurbelt den Kohlenhydratstoffwechsel an, hilft gegen Reizbarkeit.
Fenchel wirkt beruhigend und sorgt für bessere Nerven.
Spargel aktiviert den Kohlenhydratstoffwechsel.
Spinat trägt zu einer besseren Stimmung bei.
Melisse hellt Depressionen auf.
Rosmarin wirkt gegen nervöse Erschöpfung.

4
Freitag

01.54

> ***Elementegruppe:*** *Feuer*
> ***Besondere Nahrungsverträglichkeit:*** *Eiweiß*
> ***Beeinflusster Pflanzenteil:*** *Frucht*
> ***Dominierte Körperregionen:*** *Kopf, Gesicht*

Widdermond und Gesundheit

- Gegen an Widdertagen oft auftretende Kopfschmerzen helfen in Kräutersud getränkte Kompressen. Sehr bewährt haben sich beispielsweise Lavendel und Rosmarin.
- Probleme mit den Nasennebenhöhlen? Beim jetzigen Mondstand ist die Anfälligkeit noch viel größer. Teebaumöl hilft: 5 Tropfen in eine Schüssel mit fast kochendem Wasser geben und den Dampf inhalieren.

Berufliche Power

Der momentane Mondstand unterstützt sowohl die Konzentration auf das, was nun angepackt werden soll, als auch die Entschiedenheit, Theoretisches gleich in der Praxis zu testen.

5
Samstag

Beeren und Fruchtgemüse

- Möchten Sie in Ihrem Garten ein paar neue Beerensträucher pflanzen? Die jetzige Mondkonstellation ist für dieses Vorhaben sehr geeignet.
- Der zunehmende Widermond begünstigt es, auf Ihrem Fensterbrett eine geschützte Vorkultur für Paprika, Auberginen und Tomaten anzulegen.

Typische Widder-Gemütslage

- Sie müssen heute an eine neue Bekanntschaft denken, die Sie sehr beeindruckt hat? Rufen Sie sie an, vielleicht können Sie sich spontan treffen!
- Geben Sie Ihrer Stimmung ruhig nach, wenn Sie abends ausgehen und in Gesellschaft sein wollen. Das wird Sie heute sicherlich aufbauen und keinesfalls langweilen!

Das Überraschende macht Glück.

Schiller

6
Sonntag
09.01

Elementegruppe: Erde
Besondere Nahrungsverträglichkeit: Salz
Beeinflusster Pflanzenteil: Wurzel
Dominierte Körperregionen: Kiefer, Hals, Nacken

Für das Wohl von Leib und Seele

- Im März sind die typischen Erkältungskrankheiten immer noch aktuell. Vor allem an Stiertagen sollten Sie sehr auf Nase, Ohren und Hals achten!
- Gehen Sie nicht schlafen, ohne zuvor etwas für Geist und Seele zu tun: Hören Sie Musik, lesen Sie, oder machen Sie anderes, das Sie zerstreut.

7
Montag

Frieden und Harmonie zwischen den Menschen sind nicht naturgegeben. Man muss sich schon dafür einsetzen. Beispielsweise heute ist ein guter Termin für alle Angelegenheiten, die Familie oder Partnerschaft betreffen. Es gelingt Ihnen, ein aufmerksamer Zuhörer zu sein.

Aufmerksamkeit, mein Sohn, ist, was ich dir empfehle;
bei dem, wobei du bist, zu sein mit ganzer Seele.
Friedrich Rückert

8
Dienstag
19.41

Internationaler Frauentag

Höhenflüge
An diesem Stiertag sind die Aussichten bei Verkäufen recht gut. Sie können von Ihrem ausgeprägten Verhandlungsgeschick profitieren. Außerdem prüfen Sie nun alle vorliegenden Angebote äußerst sorgfältig.

Dem Himmel entgegen
Beabsichtigen Sie, neue Bäume zu pflanzen? Das ist jetzt empfehlenswert. Denn Jahreszeit, Mondphase und Tierkreiszeichen sind optimal.

9 Mittwoch

☽ ♊

Elementegruppe: ***Luft***
Besondere Nahrungsverträglichkeit: ***Fett***
Beeinflusster Pflanzenteil: ***Blüte***
Dominierte Körperregionen: ***Schultern, Arme, Hände***

! Ärgern Sie sich gerade über die Neugier eines Freundes oder Verwandten? Versuchen Sie einmal, sich ganz ehrlich die Frage zu beantworten, ob Sie selbst auch immer genau das erbringen, was Sie von anderen erwarten.

Heilendes Bad
Gegen Verspannungen sowie Schmerzen im Schulter- und Rückenbereich kann an diesen Zwillingetagen ein Rheumabad erfahrungsgemäß besonders große Wirkung zeigen.

Viel frische Luft
Wenn der Mond in einem Luftzeichen (Zwillinge, Waage, Wassermann) steht, sollten Sie Ihre Räume und Schränke ordentlich lüften.

10 Donnerstag

☽ 11.47 ♊

Pragmatismus Sie halten die Idee eines Kollegen für nicht umsetzbar? Teilen Sie ihm das am besten in der Zeit zwischen 11.49 und 13.49 Uhr mit. Da bilden Mond und Saturn ein Trigon, was sicher dazu beiträgt, dass er Ihre ehrliche Sicht der Dinge zu schätzen weiß.

Gartenarbeit
- Die jetzige Mondkonstellation begünstigt die Ansaat von Sommerblumen: Mit robusten Arten kann das schon im Freien geschehen, mit empfindlichen sollte es noch auf dem Fensterbrett sein.
- Zudem kann das Teilen und Verpflanzen älterer Stauden sowie das Pflanzen von Lilien empfohlen werden.

Ab 17.44 Uhr herrscht wieder eine **Mondpause.** Der Erdbegleiter macht nun sehr kontaktfreudig – egal, in welchem Rahmen man andere Menschen trifft.

Elementegruppe: Wasser
Besondere Nahrungsverträglichkeit: Kohlenhydrate
Beeinflusster Pflanzenteil: Blatt
Dominierte Körperregionen: Magen, Lunge, Galle, Leber

Worauf jetzt zu achten ist

- Der zunehmende Mond wandert durch den Krebs. Daher ist eine Operation in den Bereichen Brust und Magen wirklich nicht ratsam.
- Wer sein Gewicht halten möchte, sollte während dieser Mondkonstellation möglichst auf zu viele Kohlenhydrate verzichten.

11 Freitag – 08.25

Gefühle dem Verstand unterordnen!

Bei allen Gesprächen sollte man jede Art von Rechthaberei vermeiden. Dann kann man auch einen guten Eindruck hinterlassen. Und im Zweifelsfall sich besser immer zurücknehmen – das trägt dazu bei, unnötige Auseinandersetzungen zu verhindern!

Tipp An Krebstagen hat man in aller Regel die nötige Laune, etwas kreativer zu kochen als sonst. Und es gelingt Ihnen jetzt sicher auch!

12 Samstag

Magenprobleme? An Krebstagen keine Seltenheit! Kamillentee (nicht unter 10 Minuten gezogen) mit etwas Lakritze ist ein sehr wirksames Mittel.

Aufgrund der momentanen Mondkonstellation ist es günstig, einjährige **Kräuter** zu säen: beispielsweise Schnittlauch, Dill und Petersilie.

Es heißt, dass der zunehmende Mond im Krebs besonders erfolgreich zur **Erholung** beiträgt. Und genau das sollten Sie am heutigen Tag genießen!

13 Sonntag – 20.33

14 Montag

Elementegruppe: Feuer
Besondere Nahrungsverträglichkeit: Eiweiß
Beeinflusster Pflanzenteil: Frucht
Dominierte Körperregionen, -funktionen: Herz, Kreislauf, Blutdruck

! Nützen Sie den heutigen Tag, um Liegengebliebenes aufzuarbeiten. Es mangelt Ihnen nämlich weder an Energie noch an Konzentration. Sie könnten wirklich weit vorankommen. Auch Ihre Durchsetzungskraft ist jetzt sehr groß – also keine wichtigen Termine verschieben!

Fitness
Bei Mond im Löwen muss man unbedingt etwas für Herz und Kreislauf tun. Bewegen Sie sich genug – und wenn Sie auch nur eine halbe Stunde spazieren gehen.
Tipp Gönnen Sie sich abends zusammen mit dem Partner ein paar Genüsse, die Sie sich nicht jeden Tag leisten. Das wird ein Fest für Ihre Sinne!

15 Dienstag

Gartenarbeit
Bei dieser Mondkonstellation kann man bereits Tomaten- sowie Paprikapflänzchen eintopfen und gleich ins Frühbeet einsenken. Ansonsten sollten Sie jetzt auch wieder einmal die Vogeltränken auffüllen.

Mondpause
Sie beginnt um 11.57 Uhr und dauert 18 Stunden lang.
Haben Sie demnächst ein Vorstellungsgespräch? Lassen Sie sich in Ruhe durch den Kopf gehen, wie Sie Ihre Forderungen geschickt formulieren. Und der beste Freizeittipp für den Abend dieses Löwetags ist: Freunde treffen und Musik hören – ob zu Hause, im Konzert oder in der Disko.

Genuss ist sinnlich und herzlich.
Raymond Walden

16
Mittwoch

06.00

Elementegruppe: **Erde**
Besondere Nahrungsverträglichkeit: **Salz**
Beeinflusster Pflanzenteil: **Wurzel**
Dominierte Körperfunktionen: **Stoffwechsel, Verdauung**

Schönheit und Gesundheit

- Sind Sie in Stimmung, Ihr Aussehen wieder einmal etwas zu verändern? Dieser Jungfrautag begünstigt das Legen einer Dauerwelle.
- Eine ballaststoffreiche Ernährung ist vor allem beim jetzigen Mondstand unverzichtbar. Wählen Sie besonders mittags frisches Obst als Snack.

Den Garten aufforsten

Die Mondkonstellation begünstigt das Pflanzen von Hecken, die Vermehrung durch Stecklinge und das Anlegen einer neuen Rasenfläche.

Tipp Stellen Sie an einem Jungfrautag keine riskante Frage, wenn Sie nicht bereit sind, auch jede Antwort zu akzeptieren.

17
Donnerstag

! Sie sollten es heute erst gar nicht versuchen, die Dinge so hinzudrehen, wie es Ihnen passt. Das würde alle ernsthaften Gesprächsversuche nur unnütz blockieren und wäre für die Beteiligten auch ziemlich unangenehm.

Sie haben neue Fachliteratur auf dem Schreibtisch liegen, die Sie studieren müssen? Ihre **Aufnahmefähigkeit** wird nun ziemlich groß sein!

Gehen Sie wieder mal auf **Schnäppchenjagd** und durchforsten Sie ein paar Kaufhäuser. An diesem Jungfrautag werden Sie sicher fündig.

Wenn Sie mit Ihren vier Wänden momentan nicht zufrieden sind, können Sie sich heute ja die Zeit nehmen und über eine **Umgestaltung** nachdenken!

Der jetzige Mondstand begünstigt es, einen **Ausflug** zu machen. Das wäre doch eine gute Idee – falls das Wetter stimmt und Sie Zeit haben.

18 Freitag

08.19

12.27

Elementegruppe: ***Erde***
Besondere Nahrungsverträglichkeit: ***Salz***
Beeinflusster Pflanzenteil: ***Wurzel***
Dominierte Körperfunktionen: ***Stoffwechsel, Verdauung***

Salben selbst herstellen Wer so manche Kräutersalbe für seine Kosmetik zwischendurch selbst herstellt, sollte diese optimal dafür geeignete Mondphase nutzen.

Wichtiges in Haus und Garten

- Nach der langen Winterpause brauchen die Zimmerpflanzen eine ausreichende Düngung. Erledigen Sie das jetzt, falls noch nicht geschehen.
- Überprüfen Sie nun einmal Brunnen und Wasserleitungen im Garten auf eventuelle Frostschäden. Reparieren sollten Sie wenn nötig aber erst an den kommenden Skorpiontagen!

Risiko Gefühlsleben

Sind die Gefühle zum anderen gerade etwas abgekühlt? Keine Sorge! Das muss keine Krise bedeuten. Jungfrautage sind nicht die harmonischste Zeit!

Bleiben Sie heute deshalb auch bei dem, was Sie mit dem Partner besprochen haben. Werfen Sie nicht gerade jetzt alles um. Das könnte nämlich schnell zu heftigem Streit führen!

Eine Falle im Job

Vorsicht! An diesem Vollmondtag sind Sie für Lob und Anerkennung sehr empfänglich. Bleiben Sie aber unbedingt selbstkritisch! Sonst schätzen Sie so manches schnell falsch ein, was Sie dann auf einen völlig falschen Weg führen könnte.

Es ist leicht, durch den Schein zu täuschen.

Jean-Jacques Rousseau

Tipp Ist das, was Sie sich für abends vorgenommen haben, geplatzt? Nicht ärgern! Machen Sie sich einen ruhigen Abend zu Hause, und halten Sie wieder mal konzentriert Innenschau.

19
Samstag

Josefitag

Elementegruppe: **Luft**
Besondere Nahrungsverträglichkeit: **Fett**
Beeinflusster Pflanzenteil: **Blüte**
Dominierte Körperregionen: **Hüfte, Nieren, Blase**

Zwischen 09.54 und 11.54 Uhr zeigen Sie unter dem Einfluss eines Mond-Venus-Trigons genug Gespür für die Belange anderer. Da können Sie z. B. in einer strittigen Angelegenheit zur Versöhnung beitragen.

Blase, Nieren, Hornhaut

- An Waagetagen treten erfahrungsgemäß vermehrt Störungen der Blase und der Nieren auf. Jetzt sehr viel zu trinken ist die beste Vorbeugung.
- Nehmen Sie sich nun die Zeit, um Hornhaut an Händen und Füßen zu entfernen. Danach aufgetragenes Babyöl macht die Haut geschmeidig.

Tipp Das Gartenjahr hat nun richtig begonnen. Nützen Sie die günstige Mondkonstellation, um alle Töpfe zu reinigen, die Sie demnächst brauchen.

20
Sonntag

16.46

Frühlingsanfang

! Überlegen Sie heute einmal ganz selbstkritisch, ob Ihre Erwartungen gerechtfertigt sind und auch immer so entschieden vorgebracht werden sollten. Vielleicht sichert ein maßvolleres Verhalten letztlich mehr Erfolg?

Berufliches?

Ihr Vorsatz für diesen Waagetag sollte einzig und allein dieser sein: Entspannen und einmal überhaupt nicht an den Job denken! Und morgen legen Sie wieder los ...

Privates!

- Gibt es eine Entscheidung, die Ihnen sehr schwerfällt? Besprechen Sie sich mit dem Partner. Der kennt Sie und hat sicher eine gute Lösung parat!
- In Ruhe essen, ausgiebig plaudern, nebenbei schöne Musik hören: Wäre dies nicht das perfekte Alternativprogramm zum typischen Alltagsleben?

21
Montag

Elementegruppe: Wasser
Besondere Nahrungsverträglichkeit: Kohlenhydrate
Beeinflusster Pflanzenteil: Blatt
Dominierte Körperregionen: Sexualorgane, Harnleiter

Gut für Zimmer- wie Gartenpflanzen

- Beachten Sie beim Blumengießen, dass Pflanzen an den kühlen, schattigen Plätzen weniger Wasser brauchen als die an den warmen, sonnigen.
- Eine alte Erfahrung besagt, dass man bei Bedarf möglichst nachmittags düngen sollte, weil dann die Wirkung des Mondes noch größer ist.

Tipp Müssen Sie einen Riesenberg Bügelwäsche abtragen? Machen Sie diese Arbeit nachmittags. Ab 14 Uhr geht sie Ihnen leichter von der Hand.

Schnell erledigt

Das Wochenende ist vorbei – und Sie müssen schon wieder Besorgungen machen. Kein Problem: Dieser Skorpiontag ist zum Einkaufen günstig.

22
Dienstag

20.00

Für die körperliche und seelische Gesundheit

- Trinken Sie zur Blutreinigung immer mal wieder Brennnesseltee (vor allem bei abnehmendem Mond). Jetzt ist auch das Sammeln der Blätter günstig.
- Die Mondkonstellation trägt positiv zur Entwässerung bei. Unterstützen Sie das noch durch den Konsum von Blumenkohl, Kürbis oder Linsen.
- Falls Sie abschalten wollen, machen Sie an diesem Skorpiontag optimalerweise Yoga. Um intensiv nachzudenken, gehen Sie am besten spazieren.

Ich suche nur Ruhe.
Friedrich Hölderlin

Auf Nummer sicher gehen

Lassen Sie es nicht zu, dass es bei Meinungsverschiedenheiten mit dem Partner womöglich zu Streit kommt. Brechen Sie einfach ab, wenn die Debatte hitziger werden sollte.

23
Mittwoch

Elementegruppe: **Feuer**
Besondere Nahrungsverträglichkeit: **Eiweiß**
Beeinflusster Pflanzenteil: **Frucht**
Dominierte Körperregionen: **Oberschenkel, Venen**

Mond und Körper

- Die momentane Mondkonstellation begünstigt Saunabäder, die Entfernung von störenden Körperhaaren sowie das Haarewaschen.
- Obst und Gemüse, die das Bindegewebe jetzt besonders kräftigen: Kiwis, Brombeeren, Orangen, Erbsen, Linsen, Mais, Paprika und Tomaten.

Tipp Beim Backen unterstützt Sie jetzt der Mond: Kuchen wird beispielsweise sehr locker sowie geschmacksintensiv.

Leben und erleben

Versuchen Sie, auch mal während der Woche etwas nachzuholen, was Sie in letzter Zeit versäumt haben. Genießen Sie die Flucht aus dem Alltag!

24
Donnerstag

22.55

Im Garten

Zur Schädlingsbekämpfung bzw. -prävention ist es immer gut, falls nötig die alten Leimringe an den Bäumen zu ersetzen. Zudem ist es jetzt ideal, bei frisch gepflanzten Obstbäumen den Erziehungsschnitt vorzunehmen.

Mit dem richtigen Gespür vorgehen

Zum Nesthocken gibt es bessere Termine als diesen Schützetag. Treffen Sie also abends Bekannte, unternehmen Sie etwas, und lassen Sie es sich gutgehen. Aber: Hüten Sie sich davor, einer neuen Bekanntschaft gegenüber gleich allzu vertrauensselig zu werden. Das könnte ihr womöglich sehr unangenehm sein!

Verantwortlich ist man nicht nur für das, was man tut, sondern auch für das, was man nicht tut.
Laotse

25
Freitag

06.38

Elementegruppe: Erde
Besondere Nahrungsverträglichkeit: Salz
Beeinflusster Pflanzenteil: Wurzel
Dominierte Körperregionen: Knie, Haut, Knochen

Was ist zu tun an diesem Steinbocktag?

Schieben Sie nichts auf, was Sie sofort erledigen können. Vor allem anstehende Telefonate sollten Sie gleich führen, um richtig informiert zu sein.

Lindern und vorbeugen

- Sie leiden an einer Nagelbettentzündung? Ein Fingerbad in Eichenrindentee oder in Wasser mit Salbeiöl lindert jetzt besonders intensiv.
- Hüten Sie sich vor einer typischen Märzerkältung! An den Erdtagen ist das Risiko erhöht, weil ein insgesamt kühleres Klima herrscht.

Tipp Sagen Sie heute spontan zu, wenn Ihr Partner einen ungewöhnlichen Vorschlag macht. Hinterfragen Sie nicht alles, vertrauen Sie ihm einfach!

26
Samstag

Säen und reparieren

- Der Steinbockmond begünstigt das Säen bzw. Setzen von Wurzelgemüse ins Freiland: z. B. Karotten, Rote Bete und Schwarzwurzel.
- Das Errichten bzw. Reparieren eines Holzzauns wird jetzt gut gelingen. Die Pfosten halten dann besser, und die Nägel bleiben fester im Holz.

Beruf und Freizeit

- Der Mondstand trägt dazu bei, dass Sie bei den heutigen Arbeiten den Schwerpunkt eher auf die Qualität als auf die Quantität legen.
- Sie haben abends noch nichts vor? Gehen Sie doch ins Theater! Das schafft Abstand und regt Sie zum Nachdenken über ganz anderes an.

Jede wahre Kunst ist geistig, welchen Gegenstand sie auch darstellen mag.

Piet Mondrian

27
Sonntag

01.56

Beginn der Sommerzeit

Elementegruppe: ***Luft***
Besondere Nahrungsverträglichkeit: ***Fett***
Beeinflusster Pflanzenteil: ***Blüte***
Dominierte Körperregionen: ***Unterschenkel, Venen***

Die Musen rufen
Da der abnehmende Mond im Tierkreiszeichen Wassermann steht, sind nun ganz besonders alle künstlerischen Tätigkeiten begünstigt.

Gesunder Menschenverstand
Falls es jetzt zwischen Ihnen und dem Partner Streit gibt, sollten Sie diesen schnell beenden und nichts nachtragen, was Ihnen an diesem Wassermanntag leichtfallen dürfte. Dann scheint wieder die Sonne!

Das Beste, was der Mensch für einen andern tun kann,
ist doch immer das, was er für ihn ist.
Adalbert Stifter

28
Montag

Gesundheitstipps
- Sie möchten sich heute besonders gesund und daher mit Gemüse ernähren? Essen Sie beispielsweise Brokkoli – der unterstützt die Muskelarbeit.
- Die Mondphase begünstigt das Entfernen von Hühneraugen. Ein Kamillenteebad von 15 Minuten Dauer hilft dabei, die Hornhaut aufzuweichen!

Wer heute den großen **Frühjahrsputz** hinter sich bringen will, hat einen sehr guten Mondtermin dafür gewählt! Danach wird es wieder überall funkeln.

Mondpause
Sie beginnt dieses Mal um 16.12 Uhr und währt gute 14 Stunden.
Kämpfen in Ihnen gerade Leidenschaft und Vernunft gegeneinander an? An einem Wassermanntag ist es eher schwierig, eine Entscheidung zu treffen – und es ist auch besser, wenn Sie in dieser Pause keine fällen!

29
Dienstag

06.33

Elementegruppe: **Wasser**
Besondere Nahrungsverträglichkeit: **Kohlenhydrate**
Beeinflusster Pflanzenteil: **Blatt**
Dominierte Körperregionen: **Füße, Zehen**

! Ist Ihre Stimmung angeschlagen, leiden Sie heute unter einer gewissen Lustlosigkeit? Führen Sie sich Ihre Nahziele vor Augen, dann sind Sie gleich wieder motiviert.

Blattgemüse
Mondkonstellation und Jahreszeit passen, um gewisse Blattgemüse auszupflanzen: beispielsweise Weißkohl, Kopfsalat, Rotkohl und Wirsing.

Für eine bessere Nachtruhe
Schlafen Sie zurzeit nicht wirklich gut? Ein Vollbad mit 3 EL Baldriantinktur vor der Bettruhe wirkt erfahrungsgemäß ziemlich beruhigend und mindert somit auch die Einschlafschwierigkeiten.

30
Mittwoch

Vorsicht!
- An Fischetagen ist die Haarpflege erfahrungsgemäß eher problematisch. Sowohl das Waschen als auch das Schneiden sowie Färben sind jetzt relativ ungünstig. Oft ist man vor allem mit dem Sitz der Frisur unzufrieden.
- Venenleiden können beim jetzigen Mondstand verstärkt auftreten. Diese Obst- und Gemüsesorten beugen vor oder lindern auch spürbar: Brombeeren, Lauch, Paprika.

Tipp Brot- oder Kuchenbacken ist jetzt nicht angesagt. Wenn Sie sich aber etwas Leckeres kochen wollen, wird es Ihnen sicherlich gelingen.

Für schöne Stunden
Der Fischemond macht besonders sensibel: Verbringen Sie den Abend mit jemandem, in dessen Gegenwart Sie sich immer total geborgen fühlen.

März/April

31
Donnerstag

11.32

Elementegruppe: **Feuer**
Besondere Nahrungsverträglichkeit: **Eiweiß**
Beeinflusster Pflanzenteil: **Frucht**
Dominierte Körperregionen: **Kopf, Gesicht**

! Auch wenn Sie heute Ideen haben, die Ihnen viel origineller erscheinen als alles, was Ihren Kollegen bisher eingefallen ist, sollten Sie unbedingt bescheiden bleiben. Warten Sie erst mal ab, wie die anderen auf Ihre Vorschläge reagieren werden.

Im Job
Sie beherrschen Ihr Temperament, auch wenn einiges nicht in Ihrem Sinne ist. Mit Kompromissbereitschaft und Geduld können Sie alles meistern.

In der Freizeit
Gehen Sie abends noch unter Leute, und tauschen Sie sich aus. Von interessanten Gesprächen bis hin zu einem heißen Flirt ist alles drin!

1
Freitag

08.26

Selbstdisziplin
Falls Sie beabsichtigen, das Rauchen aufzugeben, haben Sie bei Widderneumond höchstwahrscheinlich die Kraft, endlich damit zu beginnen.

Neue Akzente
Jetzt ist man bereit, richtig zuzuhören. Daher würde auch ein Problemgespräch mit dem Partner freundschaftlich und fruchtbar verlaufen.

Ein anderer Weg bedeutet einen Neubeginn,
ohne Gepäck, mit neuen Aussichten
und neuen Erwartungen.
Paul Wilson

2 Samstag

18.51

Elementegruppe: Feuer
Besondere Nahrungsverträglichkeit: Eiweiß
Beeinflusster Pflanzenteil: Frucht
Dominierte Körperregionen: Kopf, Gesicht

Problem …

Wie bereits im Einführungsteil erwähnt, sind an den Widdertagen der Kopf (Gehirn), das Gesicht (Augen, Nase) und die Sinnesorgane besonders sensibilisiert. Und wegen der dann eben auch erhöhten Migräne- bzw. Kopfschmerzgefahr ist möglichst Schonung sowie der Verzicht auf alle Genussmittel angesagt.
Erhöhte Schmerzen treten übrigens an den Widdertagen im März und April bzw. im September und Oktober auf.

… und Linderung

Aromaöle wirken aufgrund ihres Dufts auf das vegetative Nervensystem sowie das Unterbewusstsein und leisten somit einen großen Beitrag zur Entspannung. Deshalb trägt das richtige Duftlampenöl im Fall von Spannungskopfschmerzen zu einer deutlichen Linderung bei. Das Öl der Pfefferminze ist hier besonders günstig. Es eignet sich davon abgesehen auch bei Migräneattacken. In diesen Fällen wird nur ganz wenig des Öls auf Stirn und Schläfen aufgetragen.

Freude an der Gartenarbeit

Mondphase und -stand machen es möglich: Unter Glas kann man zu diesem frühen Aprilzeitpunkt schon Gurken, Mais sowie Zucchini aussäen und im Freien Erbsen sowie Bohnen.

Lebenslust

Haben Sie keine Scheu, Ihre intensiven **Gefühle** auch zu zeigen! Ihr Partner wird heute mit Sicherheit Ihre Leidenschaft teilen können.
Egal ob Sie den Abend in Ihrem häuslichen Idyll verbringen oder ausgehen und andere Menschen treffen wollen – es wird Ihnen große **Freude** bereiten!

Die Leidenschaft will nicht warten.
Friedrich Nietzsche

April

3
Sonntag

Eine Menge guter Gefühle
An Stiertagen bestimmt meist ein großes Vertrauen die Partnerschaft. Jetzt kann man wirklich darauf hoffen, alles zu regeln, was nicht perfekt ist. Haben Sie Kinder? Falls ja, sollten Sie ihnen heute möglichst viel Zeit schenken. Das wird Ihnen bei diesem Mondstand sicher sehr leichtfallen!

Halber Einsatz
Die Mondkonstellation ist für Aktivitäten im Haushalt gerade nicht besonders günstig. Sorgen Sie nur dort für Ordnung, wo es sehr dringend ist.

Tipp Jahreszeit und Mondkonstellation sind optimal, um Nadelgehölze sowie Rhododendren und andere immergrüne Laubgehölze zu pflanzen.

4
Montag

Beruflicher Erfolg
Sie wissen: Manchmal läuft alles besser, als es zunächst scheint. Und Sie nützen das! An diesem Stiertag sind z. B. die Aussichten bei Verkäufen recht vielversprechend.

Vorsicht!
Auch wenn heute ein Wurzeltag gegeben ist – das Ernten von Wurzelkräutern kann nicht empfohlen werden, weil der Mond gerade zunimmt.

Perfekte Freizeit
Nach einem typischen Arbeitstag ist Ausruhen das Allerwichtigste. Widmen Sie sich z. B. einem Hobby, bei dem Sie so richtig abschalten können.

Wer ein Hobby hat, macht aus Freizeit Freuzeit.
Klaus Klages

5
Dienstag
05.05

Elementegruppe: ***Luft***
Besondere Nahrungsverträglichkeit: ***Fett***
Beeinflusster Pflanzenteil: ***Blüte***
Dominierte Körperregionen: ***Schultern, Arme, Hände***

Munter bleiben!

- Das Sammeln bzw. Ernten von Heilkräutern, deren Blüten man verwendet (z. B. für Badezusätze), ist beim jetzigen Mondstand sehr begünstigt.
- Bei dieser Mondkonstellation sorgt ein anregendes Vollbad für eine optimale Durchblutung der Haut. Verwenden Sie z. B. einen Weißdornzusatz.

6
Mittwoch

Und weiter geht's im Blumengarten

- Nun können kälteunempfindliche Sommerblumen im Freien angesät werden: z. B. Goldmohn, Bechermalve, Sonnen-, Korn- oder Ringelblume.
- Und man kann immer noch Begonien antreiben. Zudem ist jetzt das Einpflanzen von Dahlien und Gladiolen begünstigt.

Tipp Sie müssen für ein Fortbildungsseminar lernen? An diesem Zwillingetag würden Sie sehr gut vorankommen!

7
Donnerstag
17.31

Die einzige erwähnenswerte **Mondpause** des Monats findet heute von 05.16 bis 17.31 Uhr statt.
Müssen Sie in dieser Woche noch eine Besprechung abhalten? Wählen Sie diesen Tag dafür, die Mondkonstellation ist nun optimal.

Vorsicht! Auch wenn Sie an diesem Zwillingetag noch so neugierig sind – lassen Sie sich keinesfalls zu etwas überreden, das Ihren Grundsätzen völlig widerspricht!

8
Freitag

Elementegruppe: **Wasser**
Besondere Nahrungsverträglichkeit: **Kohlenhydrate**
Beeinflusster Pflanzenteil: **Blatt**
Dominierte Körperregionen: **Magen, Lunge, Galle, Leber**

Der Gesundheit zuliebe
Falls Sie im Rhythmus der Natur leben möchten, sollten Sie nun Magen und Leber schonen, weil diese an Krebstagen besonders anfällig sind.

Risiken vermeiden
Sie sollten beim jetzigen Mondstand vor allem nicht von der gewohnten Arbeitsweise abweichen und einfach improvisieren.

Bitte beachten!
Vor allem Folgendes begünstigt die Mondkonstellation nun nicht: zu lange lüften, Fenster und Schuhe putzen, Streich- oder Lackierarbeiten ausführen sowie Böden wischen.

9
Samstag

08.49

Kurswende
Manchmal muss man einfach eine andere Richtung einschlagen – z. B. an Wassertagen, wenn man eh sensibler ist als sonst! Versuchen Sie, auf manches ganz anders zu reagieren und dadurch Kraft zu sparen sowie Nerven zu schonen. Vielleicht fassen Sie ja z. B. den Vorsatz, sich nie wieder über Kleinigkeiten zu ärgern?

Kräuter, Gemüse und Kompost
- Dieser Wassertag ist ein optimaler Pflanztermin für mehrjährige Kräuter: beispielsweise Salbei, Estragon, Pfefferminze, Schnittlauch, Thymian, Petersilie sowie Zitronenmelisse.
- Auch weitere Blattgemüse kann man nun im Freiland aussäen oder setzen: z. B. Mangold, Spinat und Pflücksalat.
- Bei der momentanen Mondkonstellation ist zudem das Feststampfen des Komposthaufens empfehlenswert.

10 Sonntag

06.01

Palmsonntag

Elementegruppe: Feuer
Besondere Nahrungsverträglichkeit: Eiweiß
Beeinflusster Pflanzenteil: Frucht
Dominierte Körperregionen, -funktionen: Herz, Kreislauf, Blutdruck

Sonntagsstimmung

Der Löwemond entfacht die Begeisterung für alles Schöne. Krönen Sie diesen Tag mit einem kulinarischen oder künstlerischen Highlight!
Und falls Sie heute Freunde oder Verwandte treffen, sollten Sie vor allem versuchen, viel zuzuhören, und weniger von sich erzählen.

11 Montag

Haus und Garten

- Verweilt der Mond in einem Feuerzeichen (Widder, Löwe und Schütze), ist das Lüften von Räumen, Schränken und Kleidung günstig.
- Dieser Fruchttag ist ein idealer Zeitpunkt, um neue Obstbäume zu pflanzen. Bei abnehmendem Mond kann dann nämlich auch gleich der Pflanzschnitt erfolgen.
- Möchten Sie noch neuen Rasen ansäen? Dann sollten Sie die Zeit bis einschließlich 14. April nutzen. Da ist die Mondkonstellation optimal.

12 Dienstag

16.09

Reden und handeln

Bei diesem Mondstand können Sie durch Argumente begeistern. Sie gewinnen aber auch Sympathien, indem Sie andere Meinungen akzeptieren. Über Gefühle nur zu reden wird das Objekt Ihrer Begierde nicht gerade überzeugen. Deshalb: Handeln und beweisen Sie ihm, wie Sie empfinden!

Ein Mensch ist, was er den ganzen Tag lang denkt.

Ralph Waldo Emerson

13
Mittwoch

Elementegruppe: Erde
Besondere Nahrungsverträglichkeit: Salz
Beeinflusster Pflanzenteil: Wurzel
Dominierte Körperfunktionen: Stoffwechsel, Verdauung

Vorsicht
Achten Sie bei diesem Mondstand ebenso wie an Krebstagen bewusst auf eine leichte Ernährung. Das hilft, Verdauungsbeschwerden vorzubeugen.

Routine Wem machen die täglichen Routinetätigkeiten schon Spaß? Beachten Sie aber, dass man gerade an Jungfrautagen für diese Arbeit ein besonders geschicktes Händchen hat!

Präzision
Müssen Sie ein Regal zusammenbauen, ein Bild aufhängen? Bei dieser Mondkonstellation werden Sie mit großer Sicherheit sehr genau arbeiten.

14
Donnerstag

22.47

Gründonnerstag

Vorsicht
Essen Sie auch genügend Ballaststoffe: z. B. Knäckebrot, Vollkornnudeln, Äpfel, Leinsamen oder Erbsen. Somit unterstützen Sie Magen und Darm.

Gärtnern
- Da der zunehmende Mond gerade in einem Erdzeichen (Stier, Jungfrau, Steinbock) steht, ist nun das Anhäufeln von Frühkartoffeln sehr günstig.
- Nützen Sie heute Mondphase und -stand auch für die Vermehrung durch Stecklinge. Dann werden Sie mit Sicherheit Erfolg haben.

Private Klippen umschiffen
Sehen Sie am Beziehungshimmel Wolken aufziehen. Dann sollten Sie nun die üblichen Reizthemen, hitzige Kritik und jede Provokation vermeiden. Hat der Partner abends ganz andere Pläne als Sie? Gehen Sie für dieses Mal besser getrennte Wege. So wird die Freizeit auch nicht zum Stress!

15 Freitag

Karfreitag

Elementegruppe: Luft
Besondere Nahrungsverträglichkeit: Fett
Beeinflusster Pflanzenteil: Blüte
Dominierte Körperregionen: Hüfte, Nieren, Blase

! Müssen Sie sich selbst endlich ein paar Fragen beantworten? Dieser Waagetag ist wunderbar geeignet, um die Gedanken zu ordnen. Seien Sie aber wirklich aufrichtig zu sich selbst!

Erhöhte Sensibilität
Ob sich in große Literatur vertiefen, intensiv Musik hören oder konzentriert einen Bildband durchblättern – den schönen Künsten frönen wäre doch ein wirklich guter Start in die Feiertage!

Wer sich die Fähigkeit erhält, Schönes zu erkennen, wird nicht alt.
Franz Kafka

16 Samstag

20.56

Gelingen
Sie wollen noch ein paar berufliche Kleinigkeiten erledigen oder für die Ostertage einiges besorgen? Machen Sie es in den Stunden von 15.08 bis 17.08 Uhr (Mond-Saturn-Trigon). Da erreichen Sie schnell, was Sie möchten! Der Waagemond unterstützt die **Kommunikationsfähigkeit** und das diplomatische Geschick. Ist da jemand, mit dem Sie viel zu bereden haben?

Es ist heute nicht von Nachteil, ordentlich zu lüften. Ansonsten muss Sie alles, was mit dem **Haushaltsthema** zu tun hat, nicht sehr interessieren.

An Waagetagen hat man sehr viel Sinn für Ästhetik. Gönnen Sie sich einen Theater-, Ballett- oder Opernabend. Das vertreibt das Alltagsgrau!

17
Sonntag

02.24

Ostersonntag

Elementegruppe: **Wasser**
Besondere Nahrungsverträglichkeit: **Kohlenhydrate**
Beeinflusster Pflanzenteil: **Blatt**
Dominierte Körperregionen: **Sexualorgane, Harnleiter**

! Versuchen Sie an diesem speziellen Tag des Jahres die typische Alltagsunruhe aus Ihrem Leben zu verbannen. Wenn Sie es schaffen, können Sie gefühlsmäßig einen richtigen Höhenflug erleben.

Im Bereich des Schreibens liegt momentan Ihre Stärke: Aber heute sollte es natürlich keine Geschäftspost, sondern eher ein persönlicher Brief o. Ä. sein.

Der Zugang zur Spiritualität ist nun groß. Haben Sie beispielsweise Lust, im Mondschein das Pendel kreisen zu lassen oder sich die Karten zu legen?

Tipp Im Fall von leichten Einschlafschwierigkeiten: 3 EL Baldriantinktur im Vollbad wirken beruhigend und tragen zu einer angenehmen Nachtruhe bei.

18
Montag

Ostermontag

Der Gedanke macht die Größe des Menschen – Blaise Pascal
Reflektieren Sie heute in aller Ruhe Beruf, Privatleben, Ihre Lebensführung allgemein. Sie werden jetzt mit Sicherheit interessante Gedanken haben.

Intensiv das Leben spüren
Sie führen Tagebuch? Nehmen Sie sich an diesem Skorpiontag die Zeit, um darin zu lesen bzw. um es fortzuschreiben. Das wird Sie sehr bereichern!

Ein Gefühl ist ein Engagement, das den Augenblick überschreitet.
Simone de Beauvoir

Der Mond verstärkt nun in der Partnerschaft die erotische Anziehungskraft ebenso wie die seelische Nähe. Daher feiern Sie heute Ihre Liebe!

19
Dienstag

04.18

Elementegruppe: ***Feuer***
Besondere Nahrungsverträglichkeit: ***Eiweiß***
Beeinflusster Pflanzenteil: ***Frucht***
Dominierte Körperregionen: ***Oberschenkel, Venen***

! Haben Sie momentan das Gefühl, nicht mehr auf Ihre gewohnte Gestaltungskraft zählen zu können? Beweisen Sie Mut und versuchen Sie, Ihre üblichen Pfade zu verlassen. Dann werden Sie erneut Beachtliches leisten!

Für die Gesundheit
Nützen Sie die Kräfte des abnehmenden Mondes für eine Blutreinigungskur mit Tee aus den Blättern von Brennnessel oder Löwenzahn.

Ein neuer Job
Möchten Sie sich beruflich verändern? In dieser Mondphase (und besonders kurz nach Vollmond) sind die Aussichten für ein Bewerbungsgespräch meistens sehr erfolgversprechend.

20
Mittwoch

Mond und Kommunikation
- Kontakte sind Ihnen an Schützetagen wichtig. Sie tauschen sich gerne mit anderen aus und haben echtes Interesse an deren Meinungen.
- Gibt es jemanden, mit dem Sie sich momentan nicht verstehen? Dieser Mondstand ist für eine Versöhnung ideal. Machen Sie ein Friedensangebot!

Pflanzenpflege
- Bei dieser Mondkonstellation sollten Sie Ihr neu gepflanztes Fruchtgemüse und Obst düngen. Verwenden Sie dafür möglichst frischen Humus vom Komposthaufen!
- Grauschimmel bei Erdbeeren oder Mehltau an Rosen ist leider keine Seltenheit. Da können jetzt Spritzungen mit Schachtelhalmbrühe helfen!

Tipp Heute nicht schlafen gehen, ohne etwas Entspannungsgymnastik zu machen, die Sie mit einer ausleitenden Fußreflexzonenmassage beenden!

21
Donnerstag

05.53

Elementegruppe: Erde
Besondere Nahrungsverträglichkeit: Salz
Beeinflusster Pflanzenteil: Wurzel
Dominierte Körperregionen: Knie, Haut, Knochen

Säen, pflanzen, jäten

- Nützen Sie diese Steinbocktage für die weitere Aussaat: Sommerradieschen, Rote Beten und Möhren sind jetzt dran. Zudem können Sie nun auch Lauch pflanzen.
- Wenn der abnehmende Mond im Steinbock steht, ist einer der allerbesten Zeitpunkte gegeben, um besonders hartnäckiges Unkraut zu jäten.

Besonders bei diesem Mondstand ist es einem meist bewusst, dass es ohne **Ordnungssinn** und **Pflichtbewusstsein** nicht geht.

Tugend ist die Gesundheit der Seele.
Joseph Joubert

22
Freitag

Überzeugungskraft

Zwischen 17.15 und 19.15 Uhr können Sie, unterstützt durch ein Mond-Merkur-Trigon, mit einem einzigen Gespräch einen beruflichen Kontakt herstellen, der Ihnen wahrscheinlich viel einbringen wird.

Haushalt

- Heute sind feuchtes Staubwischen und Blumengießen günstig. Und wenn Sie Ihre Räume lüften, sollten Sie die Fenster nicht zu lange offen lassen!
- Wer sich in nächster Zeit nicht ausschließlich vom bereits geernteten Wurzelgemüse ernähren möchte, kann es nun auch begünstigt einlagern.

Freizeit

An Steinbocktagen möchte man sich meist in seine private Nische zurückziehen, denn da hat man in aller Regel kein Bedürfnis auf viel Trubel um sich herum. Machen Sie es sich deshalb zu Hause gemütlich.

23 Samstag

13.58

08.18

Welttag des Buches

Elementegruppe: Luft
Besondere Nahrungsverträglichkeit: Fett
Beeinflusster Pflanzenteil: Blüte
Dominierte Körperregionen: Unterschenkel, Venen

Wirksame Methoden

- Wassermanntage bei abnehmendem Mond sind die besten Termine, um mit einer Behandlung zur Entfernung von Hühneraugen zu beginnen.
- Neben geradezu allen Reinigungstätigkeiten sind bei dieser Mondkonstellation auch sämtliche Streich- und Lackierarbeiten günstig.

24 Sonntag

! Man muss auch mal über sich selbst lachen können! Falls Sie heute auf berechtigte Kritik eher mit Einsicht und Selbstironie als mit Schmollen reagieren, zeigen Sie eine gewisse Größe, die mit Sicherheit imponieren wird.

Nicht in der Erkenntnis liegt das Glück,
sondern im Erwerben der Erkenntnis.

Edgar Allan Poe

25 Montag

12.16

- Heute ist z. B. eine Behandlung beim Zahnarzt empfehlenswert. Zwischen 14 und 15 Uhr ist man zudem noch weniger schmerzempfindlich.
- Beim jetzigen Mondstand sind vor allem künstlerische Tätigkeiten begünstigt. Allerdings muss man sich klar für eine der vielen Ideen entscheiden!
- Da der abnehmende Mond nun ein Luftzeichen durchwandert, könnten Sie einmal die Samenkapseln von Tulpen und Narzissen entfernen.
- An Wassermanntagen ist man sehr an Kultur interessiert. Informieren Sie sich jetzt, falls Sie irgendwelche Sommerfestspiele besuchen möchten.

26
Dienstag

Elementegruppe: **Wasser**
Besondere Nahrungsverträglichkeit: **Kohlenhydrate**
Beeinflusster Pflanzenteil: **Blatt**
Dominierte Körperregionen: **Füße, Zehen**

Erneuerung Nützen Sie die Stunden von 13.41 bis 15.41 Uhr (Mond-Uranus-Sextil), um schon lang gehegte Pläne endlich in die Tat umzusetzen. Lassen Sie dabei durchaus auch die Hilfe anderer zu, dann gewinnen Sie den Mondkräften das Beste ab!

Ernten und konservieren

- Alles, was man beim jetzigen Mondstand erntet, muss man möglichst gleich verbrauchen. Denn Eingelagertes fault leider sehr schnell!
- Sie sollten an Fischetagen auch niemals etwas konservieren, weil Sie sonst nämlich eine rasche Schimmelbildung in Kauf nehmen müssten.

27
Mittwoch

18.11

Gut für die Füße Haben Sie Probleme mit lästiger Fußhornhaut? Am besten Sie weichen sie über Nacht auf (dazu eine fette Hautcreme auftragen, Strümpfe darüberziehen) und entfernen sie dann morgens mit Bimsstein.

Was im Garten sinnvoll ist
Mähen Sie heute einmal Ihren Rasen. Das getrocknete Gras können Sie dann optimal zum Mulchen Ihrer Beete verwenden.

Für eine schöne Freizeitgestaltung
Fischetage sind hervorragend geeignet, um wieder mal ein kreatives Hobby zu pflegen – ob das Malen, Musizieren, Fotografieren bzw. Schreiben ist. Oder haben Sie abends das Bedürfnis, sich zu entspannen und zugleich auch zu erfrischen? Da wäre an diesem Wassertag dann eindeutig Schwimmen das Optimale!

28 Donnerstag

Elementegruppe: Feuer
Besondere Nahrungsverträglichkeit: Eiweiß
Beeinflusster Pflanzenteil: Frucht
Dominierte Körperregionen: Kopf, Gesicht

Widderzeit
Heute spüren Sie einen gewissen Eroberungsdrang oder haben zumindest große Lust zu flirten. Sie sind überhaupt sehr in Stimmung, Leute zu treffen und das Leben zu genießen. Wenn Sie es dabei nicht übertreiben, haben Sie morgen eine schöne Erinnerung und nichts zu bereuen!

Genieße den Reiz, ohne ihn zu begehren, dann bleibst du sein Meister.
Hans Arndt

Tipp Das Beste, was Sie momentan für den körperlichen Ausgleich tun können, ist Sport an der frischen Luft. Das befreit und macht neu belastbar!

29 Freitag

Die richtige Ernährung
Rote Gemüse (vor allem Tomaten und Paprika), Auberginen, Hülsenfrüchte sowie Zucchini sind die Gemüse, die Ihr Körper an diesem Widdertag erfahrungsgemäß am besten verwerten kann.

Durchblick
Von 15.17 bis 17.17 Uhr bilden Mond und Saturn ein Sextil: Da besitzt man genügend Disziplin sowie Konzentrationsvermögen. Die Beschäftigung mit einem heiklen Thema kann daher nun endlich die nötige Klarheit bringen!

Vorratshaltung
Mondphase und -stand sind für das Ernten und Einlagern von Obst sowie Gemüse sehr günstig. Jetzt gepflückte Kräuter, die in der Küche nicht gleich verwendet werden, kann man auch gut trocknen und abfüllen.

30
Samstag

22.29

02.20

Walpurgisnacht

Elementegruppe: Erde
Besondere Nahrungsverträglichkeit: Salz
Beeinflusster Pflanzenteil: Wurzel
Dominierte Körperregionen: Kiefer, Hals, Nacken

Neumond im Allgemeinen

Die Zeit um Neumond hilft einem dabei, auch Dinge beherzt in Angriff zu nehmen, vor denen man sich bisher eher gescheut hat. Packen Sie's an!

Auch was wir am meisten sind, sind wir nicht immer.
Marie von Ebner-Eschenbach

Noch kein neuer Schwung?

Wundern Sie sich nicht, wenn Sie beim Sport nicht gerade zu Höchstleistungen fähig sind. Bei Neumond hat man nun mal nicht besonders viel Kraft.

Neumond im Garten

- In dieser Mondphase ist vor allem der radikale Rückschnitt von erkrankten Pflanzen zu empfehlen. Die Chance, dass sie danach wieder gesund werden, ist nämlich sehr groß.
- Sind am Gartenzaun Pfosten gerissen oder auf den Gartenwegen Platten gesprungen? Dann ist es jetzt sehr günstig, solche Schäden zu beheben.

Für alternativen Genuss sorgen

Wenn Sie zwar nicht fasten, aber nur leichte Nahrung zu sich nehmen wollen und daher auf Obst oder Gemüse ausweichen, sollten Sie z. B. die im Folgenden aufgelisteten Sorten auf den Speiseplan setzen. Die sind an Stiertagen nämlich nicht nur sehr bekömmlich, sondern tragen nun auch noch intensiver zur Gesundheit bei.
Äpfel kräftigen das Zahnfleisch.
Brombeeren wirken auf die Mundschleimhaut entzündungshemmend.
Grapefruits kräftigen das Immunsystem und beugen Erkältungen vor.
Kiwis wirken gegen Zahnfleischbluten.
Melonen tragen zur Kräftigung der Zähne bei.
Karotten unterstützen die Immunkräfte.
Kartoffeln stärken den Kreislauf.
Lauch fördert die Durchblutung.
Rote Beten stimulieren die Produktion von roten Blutkörperchen.

1
Sonntag

Maifeiertag

Elementegruppe: Erde
Besondere Nahrungsverträglichkeit: Salz
Beeinflusster Pflanzenteil: Wurzel
Dominierte Körperregionen: Kiefer, Hals, Nacken

Grundsätzlich
Nehmen Sie das Wort Sonn- bzw. Feiertag einmal wörtlich und feiern Sie die Sonnenseiten des Lebens. Geben Sie sich jedenfalls arbeitsfrei!

! Gestalten Sie Ihren freien Tag ganz spontan – Sie haben mit Sicherheit genügend Ideen. Sich stur an ein Programm zu halten würde Sie zuerst langweilen und dann zunehmend nerven!

Speziell
Sie sollten sich heute in jedem Fall genug Zeit für den Partner oder die ganze Familie reservieren. Dann können Sie wieder einmal genau ergründen, wo der eine oder andere Schuh drückt.

2
Montag

12.48

Engagement
In den Stunden von 10.01 bis 12.01 Uhr beißen Sie, von einem Mond-Pluto-Trigon unterstützt, notfalls die Zähne zusammen, um zu erledigen, was Sie zugesichert haben. So beweisen Sie wieder einmal, dass man voll auf Sie zählen kann!

Haus und Garten
- Beim Lüften müssen Sie nun darauf achten, dass Sie die Fenster nicht zu lange geöffnet lassen. Sonst wird aufgrund von Mondphase und -stand Feuchtigkeit angezogen.
- Jahreszeit und Mondkonstellation sind günstig, um Nadelgehölze sowie Rhododendren und andere immergrüne Laubgehölze zu pflanzen.

Tipp Es ist angenehm, an einem Stiertag seine Freizeit zu Hause zu verbringen. Geben Sie dem Impuls aber nach, wenn Sie etwas nach draußen zieht!

3
Dienstag

Elementegruppe: ***Luft***
Besondere Nahrungsverträglichkeit: ***Fett***
Beeinflusster Pflanzenteil: ***Blüte***
Dominierte Körperregionen: ***Schultern, Arme, Hände***

! Ständiger Sinneswandel ist wirklich keine Tugend! Seien Sie nicht egozentrisch, sondern denken Sie auch an die Bedürfnisse der anderen. Sonst erschweren Sie heute manches, obwohl alles relativ locker sein könnte.

Bronchitis

Wer daran leidet, hat an Zwillinge- und Krebstagen oft noch größere Beschwerden als sonst. Linderung: Lassen Sie 4 EL Fenchelsamen 5 Min. in 3 l kochendem Wasser ziehen, und inhalieren Sie 15 Min. lang den Dampf.

Achtung!

Die jetzige Mondkonstellation begünstigt zwar grundsätzlich das Auspflanzen von Sommerblumen – warten Sie damit aber bis nach den Eisheiligen!

4
Mittwoch

Erfolgsmeldung

Heute setzen Sie – beflügelt vom Zwillingemond – weniger auf Tricks als vielmehr auf Ihre Kommunikationsfähigkeit. Und so gelangen Sie ans Ziel!

Gartenarbeit

Mondphase und -stand unterstützen das Setzen von rankenden Gewächsen, Veredeln von Rosen und Feststampfen des Komposts.

Feierlaune

Dieser Zwillingetag ist wie geschaffen, um sich mit Freunden zu treffen, zu reden, zu lachen, zu feiern – um miteinander eine schöne Zeit zu haben.

Alle Würden dieser Welt
wiegen einen guten Freund nicht auf.
Voltaire

5 Donnerstag

01.06

Elementegruppe: **Wasser**
Besondere Nahrungsverträglichkeit: **Kohlenhydrate**
Beeinflusster Pflanzenteil: **Blatt**
Dominierte Körperregionen: **Magen, Lunge, Galle, Leber**

Magen und Nerven
Wer an diesen Krebstagen nur sehr sparsam Fett und Alkohol zu sich nimmt, schont Magen und Leber. Und schlucken Sie beim jetzigen Mondstand Ärger nicht runter, sondern gehen Sie mit dem Problem konstruktiv um. Sonst schlägt auch das auf den Magen!

6 Freitag

Die passende Strategie
Heute sind im Job ausschließlich Ihr Know-how und Feingefühl gefragt. Damit wird es Ihnen sogar gelingen, einen besonders schwierigen Kunden zufriedenzustellen.

Blick in den Garten
Krebstage bei zunehmendem Mond sind die allerbesten Termine für das Mähen des Rasens. Dann wächst er nämlich schön kräftig nach.

7 Samstag

13.51

Auf dem Weg zum Ich
Sie müssen sich erholen? Die Mondkonstellation ist dafür perfekt. Kommen Sie am Abend zur Ruhe: Meditieren Sie beispielsweise, denken Sie an die schönen Gegebenheiten des Tages zurück, oder träumen Sie einfach vor sich hin. Und alles, ohne auf die Uhr zu sehen!

Wer uns die Träume stiehlt, gibt uns den Tod.
Konfuzius

8 Sonntag

Muttertag

Elementegruppe: ***Feuer***
Besondere Nahrungsverträglichkeit: ***Eiweiß***
Beeinflusster Pflanzenteil: ***Frucht***
Dominierte Körperregionen, -funktionen: ***Herz, Kreislauf, Blutdruck***

Vorsicht – zunehmender Mond im Löwen! Jetzt sollten Sie unbedingt Ihren Kreislauf etwas schonen.

Fruchtgemüse, Hülsenfrüchte, Obst
Das Säen bzw. Pflanzen oder Legen von Auberginen, Tomaten, Bohnen, Gurken, Kürbissen und Zucchini ist an diesem Fruchttag sehr günstig. Kontrollieren Sie auch Ihre Stein- und Kernobstgewächse, und entfernen Sie alle Raupengespinste, die dort vielleicht entstanden sind.

Großes Wiedersehen
Ist heute ein Familienbesuch geplant, versammeln sich alle mal wieder zu Mutters Ehren? Der Löwemond schafft gute Voraussetzungen!

9 Montag

02.23

Europatag

! Beweisen Sie heute genug Einfühlungsvermögen für das Problem eines Freundes. Sagen Sie sich nicht, dass Sie das nichts angeht, sondern zeigen Sie Ihren guten Willen! Sie können nämlich mit einem einfachen Ratschlag schon viel bewirken.

Konsequenz
Da der zunehmende Mond im Löwen steht, müssen Herzpatienten jetzt ganz genau die Dosierungsanweisungen für ihre Medikamente beachten.

Heute beginnt um 14.40 Uhr eine **Mondpause**, die gute zehn Stunden dauern wird. Stehen Sie zurzeit im Kreuzfeuer irgendeiner Kritik? Denken Sie heute einmal in Ruhe über die Vorwürfe nach! An Löwetagen kann man nämlich selbstsicher und selbstkritisch zugleich sein.

Um sich selbst zu erkennen, muss man handeln.
Albert Camus

10
Dienstag

00.54

Elementegruppe: **Erde**
Besondere Nahrungsverträglichkeit: **Salz**
Beeinflusster Pflanzenteil: **Wurzel**
Dominierte Körperfunktionen: **Stoffwechsel, Verdauung**

! Sie denken an diesem Jungfrautag an manches in Ihrem Leben, das nicht gerade perfekt läuft. Aber Sie akzeptieren, wie es nun mal ist, und verkneifen sich jegliches Jammern. Das ist die absolut richtige Haltung!

Stimmige Chemie Heute kommt es auf die richtige Mischung aus sensibler Zurückhaltung und Gesprächsbereitschaft an – und zwar bei jedem, mit dem Sie zu tun haben.

Die wichtigste Gartenarbeit Die eine oder andere Rasenstelle ausbessern bzw. neuen anlegen ist nun günstig. Zudem sind Jahreszeit und Mondkonstellation geeignet, um Laub- und Nadelbäume sowie immergrüne Gehölze zu pflanzen.

11
Mittwoch

Mamertus, Eisheiliger

Disziplin
Beim jetzigen Mondstand fällt es relativ leicht, sich selbst nicht so wichtig zu nehmen und für andere viel Energie aufzubringen – meist aus reinem Pflichtbewusstsein. So überlegen Sie sich heute beispielsweise genau, wie Sie auf die anderen reagieren, was Sie sagen, worüber Sie besser schweigen und welchen Tonfall Sie wählen.

Freizeittipp für diesen Jungfrautag
Machen Sie einen kleinen Ausflug bzw. einen längeren Spaziergang, bummeln Sie durch die Geschäfte, oder verfolgen Sie auf einer Bank das Treiben im Park. Das ist Zerstreuung pur!

Wir Menschen sind diejenigen Punkte der Natur,
worin sie sich zusammenfasst.
Friedrich Hebbel

12 Donnerstag

08.35

Pankratius, Eisheiliger

Elementegruppe: Luft
Besondere Nahrungsverträglichkeit: Fett
Beeinflusster Pflanzenteil: Blüte
Dominierte Körperregionen: Hüfte, Nieren, Blase

Stimmige Chemie

In den Stunden von 16.55 bis 18.55 Uhr fördert der Mond im Zusammenspiel mit Merkur (Trigon) Ihr kommunikatives Talent. Gespräche, die Sie jetzt führen, empfinden alle als Bereicherung.

13 Freitag

Servatius, Eisheiliger

Pikantes

Der Mond unterstützt an den Waagetagen die Drüsentätigkeit. Essen Sie nun vermehrt Blumenkohl, Kartoffeln oder Oliven – das erhöht erfahrungsgemäß noch die Wirkung.

Süßes

Die Mondkonstellation ist optimal, um Kuchen zu backen, der jetzt mit großer Wahrscheinlichkeit sehr locker und aromatisch wird.

14 Samstag

12.35

Bonifatius, Eisheiliger

Pflanzen für Garten und Teich

- Mondphase und -stand begünstigen das Aussäen von zweijährigen Frühlingsblühern, wie beispielsweise Gänseblümchen und Stiefmütterchen.
- Empfindliche Wasser- und Sumpfpflanzen für den Gartenteich sollten erst jetzt ausgepflanzt werden. Das Maiklima verbessert den Wuchs.

Tipp Verschönern Sie Ihr Heim mit frisch geschnittenen Blumen. Sie werden sich noch lang übers Wochenende hinaus an ihrem feinen Duft erfreuen!

15
Sonntag

Sophie, Eisheilige

Elementegruppe: Wasser
Besondere Nahrungsverträglichkeit: Kohlenhydrate
Beeinflusster Pflanzenteil: Blatt
Dominierte Körperregionen: Sexualorgane, Harnleiter

Mondwirkung auf den Körper

- Falls Sie sich bei dieser Mondkonstellation mit Mehlspeisen ernähren, dürfen Sie sich eigentlich nicht wundern, wenn die Waage dann gleich etwas mehr anzeigen wird.
- An Wassertagen (Krebs, Skorpion und Fische) wirken Vollbäder vor allem beruhigend. Nehmen Sie vor der Nachtruhe noch eins, um gut zu schlafen.

Noch mehr Blattgemüse

Der zunehmende Mond in einem Wasserzeichen begünstigt die Aussaat gewisser Blattgemüse: z. B. Guter Heinrich, Mangold oder Erdbeerspinat.

Tipp Ruhen Sie sich heute aus – meditieren oder faulenzen Sie richtig!

16
Montag

06.15

13.52

Der Krafteinfluss des Mondes und somit auch die **Wirkung auf die Seele** sind nun besonders stark. Unruhe und Aggressionen sind keine Seltenheit!

Die Mondimpulse spürt man heute auch im **Arbeitsleben** deutlicher. Ruhelosigkeit und mangelnde Konzentration können zum Problem werden.

Das **Schreiben** wird Ihnen jetzt leicht von der Hand gehen – ob das ein Brief, ein Eintrag ins Tagebuch oder etwas mit literarischen Ambitionen ist.

Die erste Bedingung zum Schreiben
ist ein starkes, lebhaftes Gefühlsleben.
Germaine Baronin von Staël

20. Woche 2022

Mai

17
Dienstag

> *Elementegruppe:* Feuer
> *Besondere Nahrungsverträglichkeit:* Eiweiß
> *Beeinflusster Pflanzenteil:* Frucht
> *Dominierte Körperregionen:* Oberschenkel, Venen

Da der Mond jetzt wieder abnimmt

Beginnen Sie gleich heute mit einer Kur zur Entgiftung. Dann werden Sie sehr schnell merken, wie die Abwehrkräfte deutlich gestärkt, Energie und Konzentration spürbar wieder gesteigert werden.

Ordnung schaffen

Oft bleibt vieles liegen, worum man sich mal endlich kümmern müsste, wie Privatpost, Rechnungen, im Eck gestapelte Bücher usw. Wie wär's denn an diesem Schützetag damit?

Gut bei allem ist Ordnung.

Homer

18
Mittwoch

14.03

Konstruktives Miteinander

- Der Schützemond vergrößert Ihre Kontaktfähigkeit – ob Sie sich mit jemandem versöhnen möchten oder jemanden ganz neu kennenlernen.
- Falls Sie jetzt in einem beruflichen Konfliktfall die Möglichkeit zu vermitteln sehen, sollten Sie sich voll ins Zeug legen und das Beste rausholen!

In Küche und Garten

- Bei diesem Mondstand ist das Einkochen oder Einfrieren von Fruchtgemüse und Obst sehr günstig. Es behält dann nämlich sehr lange seinen vollen Geschmack.
- Haben Sie an den Obstbäumen harzende Stellen? Schneiden Sie sie aus, und verschließen Sie danach sorgfältig die entstandenen Wunden.
- Die Mondkonstellation unterstützt es momentan, Obstbäume nochmals zu düngen und – wenn nötig – auch gegen Pilzbefall zu behandeln.

19
Donnerstag

14.54 (on Friday section below)

Elementegruppe: **Erde**
Besondere Nahrungsverträglichkeit: **Salz**
Beeinflusster Pflanzenteil: **Wurzel**
Dominierte Körperregionen: **Knie, Haut, Knochen**

Haut- und Nagelpflege

- Die Mondkonstellation begünstigt die Reinigung von empfindlicher Haut – beispielsweise durch pulverisierte Lavaerde, die mit etwas Wasser zur Maske angerührt worden ist.
- Solch ein Steinbocktag ist erfahrungsgemäß optimal geeignet, um wieder mal eine sorgfältige Nagelpflege sowohl an den Händen als auch an den Füßen durchzuführen.

Es hinter sich bringen

Müssen Sie schon seit einiger Zeit auf eine Behörde? Gehen Sie es z.B. heute an! Bei abnehmendem Mond im Steinbock nehmen Sie auch etwas längere Wartezeiten geduldig in Kauf.

20
Freitag

14.54

Speiseplan

Tipp für diesen Steinbocktag: gegrillte Süßkartoffeln mit Nüssen. Denn Kartoffeln sind sehr wichtig für den Aufbau von Knochensubstanz.

Unbeirrbarkeit

In den Stunden von 14.01 bis 16.01 Uhr (Mond-Sonne-Trigon) bringen Sie so viel Schaffensfreude auf, dass Sie tüfteln und tüfteln, bis eine schwierige Aufgabe endlich in Ihrem Sinne gelöst ist.

Noch mehr Wurzelgemüse

Jetzt bestehen optimale Bedingungen für die Aussaat von Pastinaken, Sellerie, Lauch, Wurzelpetersilie und für das Setzen von Kartoffeln.

Abendprogramm

Auch wenn an Steinbocktagen die Neigung besteht – jetzt ist es nicht angebracht, sich zurückzuziehen. Widmen Sie Ihre Freizeit Familie oder Partner!

21
Samstag

Elementegruppe: **Luft**
Besondere Nahrungsverträglichkeit: **Fett**
Beeinflusster Pflanzenteil: **Blüte**
Dominierte Körperregionen: **Unterschenkel, Venen**

Haus und Garten

- Manchmal sind gewisse Renovierungsarbeiten einfach fällig. Müssen Sie mal wieder weißen? Nützen Sie doch den heutigen Nachmittag dafür!
- Der abnehmende Mond ist die richtige Phase für die Bekämpfung von Schädlingen. Untersuchen Sie nun z. B. Ihre Rosen auf Blattläuse.

Die richtige Wahl

Wassermanntage sind Zeiten der Begegnungen. Man ist jetzt in Stimmung, alte Freundschaften zu pflegen oder neue Bekanntschaften zu machen. Schalten Sie abends den Computer bald aus bzw. gar nicht an, und widmen Sie sich besser interessanten Menschen oder den schönen Künsten!

22
Sonntag

20.44

17.51

Lernbereitschaft

Zwischen 09.20 und 11.20 Uhr (Mond-Saturn-Konjunktion) ist Ihr Bedürfnis nach genauen Fakten nicht so schnell zufriedenzustellen. Und was Sie jetzt an Neuem erfahren können, wird Ihnen noch lange von großem Nutzen sein.

An Lufttagen ist die **Fettverträglichkeit** ziemlich gut. Das kann man durch den Genuss von Sauerkraut oder Spargel noch unterstützen.

Überlegen Sie zurzeit, wie Sie zu einer jüngst gemachten **Bekanntschaft** stehen? Fassen Sie bei diesem Mondstand noch keinen Entschluss!

Lebensfreude

Da heute Sonntag ist, könnten Sie doch schon am früheren Abend spontan ein kleines Fest geben und Freunde zum Feiern und Tanzen einladen! Der Mondtermin ist jedenfalls günstig, so dass Sie es alle sehr genießen würden.

23
Montag

Elementegruppe: Wasser
Besondere Nahrungsverträglichkeit: Kohlenhydrate
Beeinflusster Pflanzenteil: Blatt
Dominierte Körperregionen: Füße, Zehen

Die richtigen Impulse

- Sie setzen sich heute mit nichts selbst unter Druck. Denn Sie wissen, das würde eh zu nichts führen und Ihnen höchstens die Stimmung verderben.
- An Fischetagen herrscht in aller Regel eine harmonische Grundstimmung, und man ist zu großen Gefühlen fähig. Vielleicht ist jetzt Amor unterwegs!
- Manchmal klappt etwas nicht, das man sich fest vorgenommen hat. In diesem Fall blasen Sie heute aber nicht Trübsal, sondern sorgen für Ersatz.

Man darf das Schiff nicht an einen einzigen Anker
und das Leben nicht an eine einzige Hoffnung binden.
Epiktet

24
Dienstag

23.41

Lassen Sie sich zwischen 14.43 und 16.43 Uhr (Mond-Neptun-Konjunktion) durch nichts ablenken. Dann können Sie sich über außergewöhnliche Einfälle freuen, die Ihre Arbeit noch interessanter machen.

Zum Wohl des Körpers

- Wenn Sie bei diesem Mondstand nur wenig Alkohol und Kaffee trinken bzw. auf diese Genussmittel verzichten, optimieren Sie Ihr Körpergefühl.
- Das Entfernen störender Körperhaare ist jetzt begünstigt. Das Schneiden der Fußnägel sollten Sie an Fischetagen aber besser unterlassen.

Haus und Garten

- Sollten Sie vielleicht wieder einmal Ihren Kühlschrank abtauen und richtig auswischen? Dieser Wassertag ist dafür bestens geeignet.
- Aussäen kann man bei dieser Mondkonstellation z. B. Eissalat, Chicorée, Radicchio oder Grünkohl. Und suchen Sie die Beete nach Schnecken ab!

21. Woche 2022

Mai

25
Mittwoch

Elementegruppe: ***Feuer***
Besondere Nahrungsverträglichkeit: ***Eiweiß***
Beeinflusster Pflanzenteil: ***Frucht***
Dominierte Körperregionen: ***Kopf, Gesicht***

Zu Ihrem Besten

- Sie tun sich etwas Gutes und tragen effektiv zu Ihrer Fitness bei, wenn Sie bei diesem Mondstand wegen des Migränerisikos wirklich konsequent auf Genussmittel verzichten.
- Nehmen Sie sich jetzt wieder einmal die Zeit, Heilkräuter zu pflücken, zu trocknen und beispielsweise gleich in Kräuterkissen abzufüllen.

Kaum zu bremsen

- Ihre Ausstrahlung ist heute umwerfend. Allein aus diesem Grund erreichen Sie meist spielend, was Sie wollen. Nutzen Sie das aber nicht aus!
- Bei dieser Mondkonstellation macht Sport viel Spaß – egal, ob Sie joggen, sich aufs Rad schwingen oder bei einem Tennismatch verausgaben.

26
Donnerstag

Christi Himmelfahrt

! Überlegen Sie sich sehr genau, was Sie überhaupt einlösen wollen und auch können, bevor Sie heute ein Versprechen geben. Im Überschwang der Gefühle ist nämlich schnell etwas gesagt, das Sie dann aber auch zu verantworten haben!

Widdertage sind die besten Erntetage

Nun ist es so weit, dass man bereits Erdbeeren, aber mitunter auch schon Kernobst, wie beispielsweise Süßkirschen, ernten kann.

Begehrtes Obst

- Auf die Früchte an Ihren Bäumen und Sträuchern haben natürlich auch die Vögel Lust. Schützen Sie Ihr Obst durch das Anbringen von Netzen gegen Vogelfraß.
- Nutzen Sie die Fruchttage (Widder, Löwe, Schütze), um frisch geerntetes Obst, das nicht sofort verbraucht wird, einzukochen bzw. einzufrieren.

27 Freitag

08.24

Elementegruppe: **Erde**
Besondere Nahrungsverträglichkeit: **Salz**
Beeinflusster Pflanzenteil: **Wurzel**
Dominierte Körperregionen: **Kiefer, Hals, Nacken**

Mond und Gesundheit

- Der abnehmende Mond ist die richtige Phase für Operationen. Aber da er im Stier steht, sind Eingriffe im Kiefer- und Halsbereich nun zu vermeiden!
- Vor allem im Sommer schätzt man leichte Kost und Obst. Erdbeeren, Melonen und Kirschen sind bei diesem Mondstand das bekömmlichste Obst.

28 Samstag

Haus und Garten

- Packen Sie es an, wenn Sie im Haus etwas zu streichen oder zu lackieren haben. Es wird Ihnen bei dieser Mondkonstellation gut gelingen.
- Jetzt wird vom Mond vieles begünstigt: z. B. das Lockern des Bodens, Mulchen der Beete oder Bekämpfen von unterirdischen Schädlingen.

Gleich, ob Sie ein Instrument spielen, Gedichte schreiben oder ein anderes **kreatives Hobby** pflegen – heute dürften Sie dafür in Stimmung sein!

29 Sonntag

19.24

Ein Tag der Entspannung

Nützen Sie diesen Sonntag, um für Familie oder Partner wieder mal Zeit zu haben. Unternehmen Sie etwas, wonach Ihnen schon lange der Sinn steht! Einmal in der Woche braucht man Abstand von der typischen Routine, auch von der beruflichen. Der Stiermond weckt zudem ganz andere Interessen!

Ein Acker, der ausruhen konnte, liefert prächtige Ernte.

Ovid

30
Montag

13.31

Elementegruppe: **Luft**
Besondere Nahrungsverträglichkeit: **Fett**
Beeinflusster Pflanzenteil: **Blüte**
Dominierte Körperregionen: **Schultern, Arme, Hände**

Etwas zu reparieren?
Gartenzaun und -weg sollten eigentlich ständig in Ordnung gehalten werden. An Neumond sind das Setzen von Pfosten und Legen von Laufplatten besonders günstig.

Die Dinge etwas leichter nehmen
Wenn Sie heute über typische Alltagsquerelen nachdenken, ärgern Sie sich nicht. Sondern Sie betrachten alles mit genug Humor, was bei Ihnen für befreiende Distanz sorgt.

Das Lachen erhält vernünftiger als der Verdruss.
Gotthold Ephraim Lessing

31
Dienstag

Bleibender Eindruck
Ob im Umgang mit guten Bekannten oder bei flüchtigen Begegnungen – am heutigen Zwillingetag prägen Sie sich allen durch Ihre große Präsenz ein. Man wird sich daran erinnern!

Für die Blütenpracht von morgen
Nützen Sie den zunehmenden Mond in einem Luftzeichen, um jetzt schon mal die Zwiebeln von Herbstblühern zu setzen.

Von 22.11 bis 00.11 Uhr bilden Mond und Saturn ein Trigon. Wenn Sie heute eine Entscheidung treffen müssen, sollten Sie es in diesem Zeitraum tun. Denn da lassen Sie sich von Ihrem Glauben an gewisse Werte leiten. Und das minimiert die Risiken beachtlich.

1
Mittwoch

07.50

Elementegruppe: **Wasser**
Besondere Nahrungsverträglichkeit: **Kohlenhydrate**
Beeinflusster Pflanzenteil: **Blatt**
Dominierte Körperregionen: **Magen, Lunge, Galle, Leber**

Garten und Teich

- Auspflanzen kann man nun Römischen Salat, Staudensellerie und Schnittsalat, aussäen Endivie, Mangold und Blumenkohl.
- Leider wird bei entsprechender Hitze der Gartenteich oft von Algen befallen. Geben Sie einen Beutel Torf in den Teich. Das kann vorbeugen.

2
Donnerstag

Gesund und fein zugleich

Bringen Sie heute wieder einmal Spargel auf den Tisch. Dieses Gemüse aktiviert nämlich den Kohlenhydratstoffwechsel und stabilisiert auch noch die Magenschleimhaut.

Vorsicht walten lassen

Mit vollem Magen zu schwimmen kann gefährlich werden! Beim jetzigen Mondstand sollte man diese Warnung zweimal beherzigen.

3
Freitag

20.39

Am Arbeitsplatz

Sie müssen dringend ein paar Unterlagen durchsehen? Heute besitzen Sie genug Sinn für die Sache, um schnell und effektiv voranzukommen.

Die Verwandtschaft wartet

Krebstage zählen ebenso wie Zwillinge- und Löwetage zu den Terminen, die für einen Familienbesuch am geeignetsten erscheinen. Ein Treffen wird sicherlich ziemlich harmonisch verlaufen.

4
Samstag

Elementegruppe: **Feuer**
Besondere Nahrungsverträglichkeit: **Eiweiß**
Beeinflusster Pflanzenteil: **Frucht**
Dominierte Körperregionen, -funktionen: **Herz, Kreislauf, Blutdruck**

Haus und Garten

- Lust auf selbst gemachte Marmelade? Mondstand und -phase tragen dazu bei, dass sie besonders aromatisch wird und lange haltbar ist.
- Das Legen von Busch- und Stangenbohnen sowie die Aussaat von Gurken, Zucchini und Kürbissen ist günstig. Stützen Sie nun auch Ihre Paprikapflanzen ab, die mittlerweile ziemlich schwer geworden sein dürften.

Das wird ein großer Spaß

Haben Sie fürs Pfingstwochenende ein Sommerfest geplant? Beginnen Sie jetzt zügig mit den Vorbereitungen. Der Löwemond sorgt für Ideen und unterstützt die Organisation.

5
Sonntag

Pfingstsonntag **Tag der Umwelt**

Wenn die Chemie stimmt

Momentan besitzen Sie zwar sehr viel Selbstwertgefühl, verhalten sich aber trotzdem nicht beratungsresistent. Und das hilft Fehler zu vermeiden!

! Lassen Sie sich heute Ihre gute, fast schon frohe Stimmung durch nichts verderben! Denn Ihr harmonisches Gefühlsleben erleichtert Ihnen alles, womit Sie beschäftigt sind. Und außerdem sollten Sie das Leben jetzt ja auch so richtig genießen!

Rechtzeitig handeln

- Als Besitzer eines Gewächshauses müssen Sie es besonders während der Mittagshitze immer gut lüften, damit sich möglichst kein Hitzestau entwickeln kann.
- Falls Sie jetzt am Stein- und Kernobst Raupengespinste entdecken, sollten Sie sie sofort ganz sorgfältig entfernen und vernichten.

6
Montag

08.23

Pfingstmontag

Elementegruppe: Erde
Besondere Nahrungsverträglichkeit: Salz
Beeinflusster Pflanzenteil: Wurzel
Dominierte Körperfunktionen: Stoffwechsel, Verdauung

Das passende Programm
Jungfrautage sind für Ausflüge sehr geeignet. Vielleicht haben Sie ja Lust, wandern zu gehen? Aber egal, was Sie an Pfingsten letztlich unternehmen – etwas Bewegung im Freien sollte dabei sein. Und wenn es ein wenig Radfahren oder Spazierengehen ist.

7
Dienstag

16.50

Arbeit? Die Mondkonstellation trägt nun sehr zur Konzentration bei. Erstellen Sie doch gleich einen genauen Zeitplan für die gesamte Arbeitswoche.

An Pflanzen und Erntegut denken!
- Im Fall von sehr hohen Temperaturen ist es notwendig, die Pflanzen zwei Mal am Tag zu wässern – am besten morgens und abends.
- Vergessen Sie nicht die Regel, dass man wegen der erhöhten Fäulnisgefahr an Jungfrautagen niemals Erntegut einlagern oder einkochen sollte.

8
Mittwoch

17.24

Obwohl der Jungfraumond nicht gerade zur größten Kontaktfreudigkeit beiträgt, wissen Sie jetzt auch mit schwierigen Geschäftspartnern umzugehen.

Etwas Abwechslung gefällig? Suchen Sie sich ein lauschiges Plätzchen in freier Natur, sehen Sie dem Spiel des Windes zu und den Wolken hinterher.

Sonnenschein ist Malerei, Mondschein, Skulptur.
Nathaniel Hawthorne

9
Donnerstag

Elementegruppe: Luft
Besondere Nahrungsverträglichkeit: Fett
Beeinflusster Pflanzenteil: Blüte
Dominierte Körperregionen: Hüfte, Nieren, Blase

Frischer Wind
Öffnen Sie wieder mal alle Fenster, damit Sommerluft und Blütenduft in alle Räume dringen können. Und bringen Sie auch das Bettzeug auf den Balkon oder die Terrasse.

Gartenpracht
- Der zunehmende Mond in einem Blütenzeichen begünstigt beispielsweise folgende Arbeiten: Stauden pflanzen und ältere Irispflanzen teilen bzw. umpflanzen.
- Bei dieser Mondkonstellation können bereits Herbstzeitlose, Herbstkrokus und andere herbstblühende Zwiebelgewächse ausgepflanzt werden.
- Und weiter geht's im Blumengarten: Nun kann man Zweijährige aussäen, z. B. Goldlack, gefüllte Gänseblümchen, Königskerzen oder Bartnelken.

10
Freitag

22.42

Gegen Blasenleiden
Bei diesem Mondstand bekommt man schnell mal Probleme mit der Blase. Ein Tee aus Bohnenschalen und Maggikraut kann da helfen: Mischen Sie die Kräuter zu gleichen Teilen: 2 EL davon mit ½ l kochendem Wasser überbrühen, 15 Min. ziehen lassen, abseihen und trinken.

Privat und beruflich
Heute können Sie in Ihrer Partnerschaft eine Harmonie erleben, wie man sie sicher nicht jeden Tag empfindet. Da würden Dritte nur stören!
An diesem Waagetag sind der Besuch einer Versteigerung und vor allem die unterschiedlichsten künstlerischen Tätigkeiten begünstigt.

Lebenslust
Laden Sie abends Menschen, die Sie mögen, zu einem Umtrunk ein. Und erheben Sie Ihr Glas auf den Sommer sowie die Leichtigkeit des Seins!

11
Samstag

Gute Einfälle

Der jetzige Mondstand verleiht beim Schreiben einen regen Geist. Aber vor allem für Werbemaßnahmen hat man jetzt ein glückliches Händchen.
Tun Sie es einfach, wenn Sie heute das Gefühl bekommen, die ausgetretenen Pfade des Üblichen verlassen zu müssen, um mal einen ganz anderen Stil zu prägen.

Für Körper und Seele

- Wer selbst Kräuter zieht und heute kocht, sollte nicht vergessen, frisch gepflückte Blattkräuter zu verwenden. Die sind nun besonders saftig!
- Nach einem langen Skorpiontag kann ein Melissenbad sehr gut die Stimmung verbessern und zu einer erholsamen Nachtruhe beitragen.

12
Sonntag

Intuition

Dieser Mondstand ist nicht günstig, um seinem Ärger Luft zu machen und den Partner zur Rede zu stellen. Sie spüren das und schweigen besser!

Im Garten viel zu tun

- Bei zunehmendem Skorpionmond ist es begünstigt, im Freiland Blattgemüse wie Mangold, Spinat, Endivien oder Zuckerhut auszusäen.
- Schöpfen Sie einmal alles organische Material ab, das Ihren Gartenteich verunreinigt. Und entsorgen Sie es gleich auf dem Komposthaufen.

Gespür

Wenn Sie heute zwischen zwei Dingen zu wählen haben, die Ihnen gleich wichtig sind, sollten Sie das in der Zeit von 17.03 bis 19.03 Uhr tun. Da entscheiden Sie aufgrund eines Mond-Neptun-Trigons mit dem Herzen und fühlen deutlich, dass dies der richtige Entschluss ist.

13
Montag

00.33

Elementegruppe: **Feuer**
Besondere Nahrungsverträglichkeit: **Eiweiß**
Beeinflusster Pflanzenteil: **Frucht**
Dominierte Körperregionen: **Oberschenkel, Venen**

Sollte es momentan in Ihrer Beziehung nicht nur Sonnenschein geben, ist dieser Tag günstig, sich mit dem Partner richtig auszusprechen. Der Mond im Schützen hilft nämlich dabei, den Grund für ein Problem nicht vorschnell beim anderen, sondern erst einmal bei sich selbst zu suchen.

Seid gerecht. Sucht nicht Schuldige, sondern Ursachen.
Werner Mitsch

Säen und ernten
Nützen Sie die Mondkonstellation, um neue Erdbeerbeete mit einmaltragenden Sorten anzulegen. Zudem sind jetzt das Ernten sowie Einkochen oder Einfrieren von Obst begünstigt und sehr ergiebig.

14
Dienstag

13.53

! Sie müssen heute klar Stellung beziehen. Falls Sie alles nur abnicken, um Dissonanzen zu vermeiden, werden Sie erst recht ein Problem heraufbeschwören. Es könnte dann nämlich passieren, dass man Sie als Opportunisten betrachtet.

Alles, was das **Immunsystem** mit aufbauen kann, wirkt in dieser Mondphase erfahrungsgemäß noch viel stärker, als es sonst der Fall ist.
Vollmond ist die Zeit des stärksten Wachstums, der Nährstoffbedarf der Pflanzen ist jetzt sehr hoch. Also ein optimaler Termin für die **Düngung**!
Sie haben abends keine Zeit für einen kleinen Ausflug? Auch ein beschaulicher Spaziergang im **Mondlicht** ist ein schöner Abschluss dieses Tages.

15 Mittwoch

00.15

Elementegruppe: **Erde**
Besondere Nahrungsverträglichkeit: **Salz**
Beeinflusster Pflanzenteil: **Wurzel**
Dominierte Körperregionen: **Knie, Haut, Knochen**

Sie haben einen **Wespenstich**? Lavendelöl, essigsaure Tonerde oder der Saft einer frisch aufgeschnittenen Zwiebel können die Wirkung lindern.

Braucht Ihr Auto wieder mal eine intensive **Wäsche**, vielleicht sogar eine gründliche **Innenreinigung**? Die Mondphase ist ideal dafür!

Falls sich heute eine Gelegenheit ergibt, eine gute **Geschäftsbeziehung** noch mehr auszubauen, sollten Sie sie unbedingt nutzen.

Entspannung? Widmen Sie sich an diesem Steinbocktag wieder mal ausgiebig einer angenehmen Lektüre. Bei schönem Wetter sollten Sie das natürlich unter freiem Himmel tun!

16 Donnerstag

23.45

Fronleichnam

Wurzelgemüse und mehr

- Die jetzige Mondkonstellation begünstigt die Aussaat von Wurzelgemüse: z.B. Möhren, Rote Beten, Frühlingszwiebeln, Rettich und Schwarzwurzel.
- Wenn Sie heute Wurzelgemüse einkochen wollen, haben Sie dafür einen optimalen Mondtermin gewählt. Die Konserven werden lange haltbar sein.
- Auch diese Arbeiten sind nun empfehlenswert: Boden lockern, Unkraut jäten, Gründüngung säen, mulchen sowie Schädlinge bekämpfen.

Ernsthaftigkeit

Sie sind sich Ihrer Gefühle nicht sicher, daher halten Sie sich jetzt noch mit Zugeständnissen zurück. Der Mondstand stärkt das Verantwortungsgefühl!

Wir sitzen mit unseren Gefühlen
meistens zwischen zwei Stühlen.
Kurt Tucholsky

17
Freitag

Elementegruppe: *Luft*
Besondere Nahrungsverträglichkeit: *Fett*
Beeinflusster Pflanzenteil: *Blüte*
Dominierte Körperregionen: *Unterschenkel, Venen*

Der Wassermannmond optimiert die **Haarpflege** – z. B. wirkt nun eine Spülung aus Thymian, Zinnkraut und Rosmarin sehr effektiv gegen Schuppen.

Noch steigt der Mond auf, deshalb ist das **Ernten** besonders günstig. Jetzt könnten z. B. schon Beeren, Möhren, Mangold und Paprika reif sein.

Sollten Sie bei dieser Mondkonstellation **Fußbodenbeläge verlegen**, können Sie damit rechnen, dass sie sich nicht wölben werden und der Kleber wirklich gut hält.

Geschäftsverhandlungen werden bei diesem Mondstand ziemlich gut laufen. Zumindest sind keine nennenswerten Schwierigkeiten zu erwarten.

18
Samstag

An die Zukunft denken
- Machen Sie zurzeit eine Weiterbildung? Nützen Sie Ihre heutige Freizeit, um zu lernen. Der Wassermannmond schärft Ihre Auffassungsgabe.
- Ihre Kontaktfähigkeit öffnet Ihnen nun eine wichtige berufliche Tür. Lassen Sie sie aufgrund von Unentschlossenheit nicht wieder zuschlagen!

Atmosphäre
Von 20.51 bis 22.51 Uhr bilden Mond und Sonne ein Trigon. Egal, mit wem Sie da gerade zusammen sind: Ihre starke Präsenz und humorvolle Art schaffen jetzt beste Bedingungen für ein sehr kommunikatives Klima.

Der bessere Mensch nützt die Energien
seines äußeren Lebens, um für sein inneres
Platz und Freiheit zu schaffen.
Alfred Polgar

19
Sonntag

01.02

Elementegruppe: **Wasser**
Besondere Nahrungsverträglichkeit: **Kohlenhydrate**
Beeinflusster Pflanzenteil: **Blatt**
Dominierte Körperregionen: **Füße, Zehen**

Erneuerung
Sie möchten an Ihrem Arbeitsplatz so manches verändern? Denken Sie an diesem Fischetag einmal in Ruhe darüber nach – an interessanten Ideen wird es Ihnen dann mit Sicherheit nicht mangeln!

Eine Veränderung bewirkt stets eine weitere Veränderung.
Niccolò Machiavelli

Tipp Verkriechen Sie sich tagsüber nicht zu Hause. Verbringen Sie an einem Ihrer Lieblingsplätze in der freien Natur entspannende Stunden. Und vergessen Sie nicht, im Sommer so oft wie möglich barfuß zu laufen. Das ist vor allem bei diesem Mondstand ein sehr gutes Training für die Füße.

20
Montag

Perfekte Kommunikation
Heute schaffen Sie es ohne große Worte, zum Partner große Nähe herzustellen. Sie sehen sich nur an – und haben eine gemeinsame Wellenlänge!

Sorge tragen
- Fischetage sind für die Ernte zwar geeignet, man sollte das Erntegut aber gleich verbrauchen. Und niemals lagern oder einkochen – Fäulnisgefahr!
- Die Mondkonstellation ist jetzt wirklich ideal, um zum Schutz Ihrer Beete Schneckenzäune aus Schalensplittern von rohen Eiern anzubringen.

Optimum
Falls Sie in den Abendstunden zwischen 21.22 und 23.22 Uhr über Ihr Leben nachdenken, können Sie aufgrund einer Mond-Neptun-Konjunktion in sich das Gefühl aufsteigen spüren, eigentlich dort angekommen zu sein, wo Sie immer schon hinwollten.

21 Dienstag

05.12

05.38

Sommeranfang

Elementegruppe: **Feuer**
Besondere Nahrungsverträglichkeit: **Eiweiß**
Beeinflusster Pflanzenteil: **Frucht**
Dominierte Körperregionen: **Kopf, Gesicht**

Lust auf Obst? Dann essen Sie heute doch **Mangos**! Die helfen nämlich gegen Augenleiden, die an Widdertagen verstärkt auftreten können.

In den nächsten Tagen kommen Verhandlungen auf Sie zu? Machen Sie sich bei diesem Mondstand Gedanken über eine perfekte **Strategie**!

22 Mittwoch

Widdermond und Gartenarbeit

- Bringen Sie bei dieser günstigen Mondkonstellation zur Düngung Ihrer Obstbäume Kompost, Mulch oder Rinde auf den Baumscheiben aus.
- Jetzt ist der richtige Zeitpunkt gekommen, um bei den stark wachsenden Tomaten die Achseltriebe zu entfernen. Erledigen Sie das aber unbedingt sehr vorsichtig!
- Widdertage sind erfahrungsgemäß die optimalen Erntetermine für Obst und Gemüse, denn auch das Einlagern ist jetzt sehr begünstigt.

23 Donnerstag

13.59

Kampfansage

Sie möchten an Wänden Schimmel beseitigen? Die Mondkonstellation ist günstig. Nehmen Sie dafür z. B. eine fünfprozentige Zitronensäurelösung.

Freizeittipp

Freuen Sie sich heute auf die Zweisamkeit mit dem Partner. Machen Sie aber keine allzu konkreten Pläne. Dann bleibt mehr Handlungsspielraum, der Ihnen beiden viel bringen wird!

24
Freitag

Johannistag

Elementegruppe: Erde
Besondere Nahrungsverträglichkeit: Salz
Beeinflusster Pflanzenteil: Wurzel
Dominierte Körperregionen: Kiefer, Hals, Nacken

Ordnung ist alles

- Das Wichtigste, was Sie gleich zu Beginn des Arbeitstages erledigen sollten, ist die Erstellung eines Zeitplans für die Abfolge Ihrer Tätigkeiten.
- Besitzen Sie ein Haustier? Falls ja, sollten Sie bei ihm wieder mal eine Krallenpflege durchführen lassen. Die Mondkonstellation ist günstig.

Nähe

Beim jetzigen Mondstand fällt es einem leicht, auf andere einzugehen. Nehmen Sie sich Zeit für den Partner, und hören Sie ihm aufmerksam zu!

Tipp Im Fall von großer Hitze und Trockenheit muss man Pflanzen auch zwischen den Wassertagen gießen. Nützen Sie vor allem die Erdtage!

25
Samstag

Vorsicht

Auch im Sommer ist man vor Erkältungen nie ganz sicher. Vor allem bei Mond im Stier müssen Sie sich vor Zugluft besonders in Acht nehmen.

Nur Mut!

Gibt es jemanden, zu dem Sie sich hingezogen fühlen, der das aber nicht weiß, weil Sie noch nicht wagten, es ihm mitzuteilen? Sagen Sie es ihm nun – bei diesem Mondstand finden Sie die richtigen Worte!

Feigheit ist der wirksamste Schutz gegen die Versuchung.

Mark Twain

Für einen schönen Abend

An Stiertagen hat man meist keine Lust, allein zu sein, aber oft großen Appetit. Ein Essen zu zweit wäre da heute doch die perfekte Lösung!

Elementegruppe: ***Luft***
Besondere Nahrungsverträglichkeit: ***Fett***
Beeinflusster Pflanzenteil: ***Blüte***
Dominierte Körperregionen: ***Schultern, Arme, Hände***

26 Sonntag

01.14

Der Mond steht in den Zwillingen: Bei Neigung zu **Asthma** oder **Bronchitis** können Aprikosen, Fenchel und Basilikum eventuelle Beschwerden lindern.

Wenn der Sommer zurzeit warm und trocken ist, sollten Sie Ihr Bettzeug nun den ganzen Tag lang auf **Balkon** oder **Terrasse** auslüften lassen.

27 Montag

Siebenschläfer

Mond und Psychologie
Heute sind Sie nicht so ernst wie meistens, haben eine Neigung zur Selbstironie und lassen auch Kritik zu. Damit gewinnen Sie schnell Ihre innere Balance zurück! Außerdem macht Sie der Zwillingemond sehr neugierig. Deshalb würden Ihnen sowohl das intensive Gespräch mit einem guten Freund als auch die ausgelassene Stimmung in einer geselligen Runde momentan besonders guttun.

28 Dienstag

13.55

Mondpause
Sie ist die einzige bedeutende dieses Monats und zieht sich ab 4.40 Uhr gute neun Stunden hin.
Konzentrieren Sie sich auf das, was Sie jetzt anpacken – ob es sich nur um Kleinigkeiten oder wirklich Wichtiges handelt. Sonst stellt sich kein Erfolg ein.

Tipp An Zwillingetagen treten häufig Schmerzen im Schulter- und Oberarmbereich auf. Eine Massage kann da entspannen, eine Rheumasalbe lindern.

29 Mittwoch

04.53

Elementegruppe: Wasser
Besondere Nahrungsverträglichkeit: Kohlenhydrate
Beeinflusster Pflanzenteil: Blatt
Dominierte Körperregionen: Magen, Lunge, Galle, Leber

Bei Neumond einen Fasttag einzulegen ist sehr wirksam. Zudem steht der Mond momentan im Krebs, sodass Sie eh Ihren **Magen** besser schonen.

Wenn es zurzeit nicht regnet, sollten Sie Ihre Beete wässern und mit einer **Mulchschicht** abdecken. So bewahren Sie sie vor dem Austrocknen.

Heute ist ein sehr schlechter Termin, um selbst zu backen. Der **Teig** wird an Wassertagen meist matschig und geht bei Neumond nicht richtig auf.

Der Mondstand erleichtert den Umgang mit Geschäftspartnern. Man kann nun in aller Regel seine Vorstellungen klar vermitteln und hat **Verständnis** für die der anderen.

30 Donnerstag

Konsequent bleiben!

- An diesem Krebstag ist das Gefühl stärker als der Verstand. Deshalb dürfen Sie sich im Privatleben auch zu nichts überreden lassen, was Sie im Grunde ablehnen. Sie würden es schnell bereuen!
- Verlieren Sie heute trotz Stress bei der Arbeit nie den Blick für das Wesentliche. Und setzen Sie sich notfalls auch richtig zur Wehr, wenn etwas völlig untragbar wird!

Auf dem Weg zur Ruhe

- Nehmen Sie sich die Zeit, um auch mal mitten in der Woche ein ausgefallenes Abendessen zuzubereiten. Dabei können Sie wunderbar abschalten!
- Sorgen Sie abends bei sich zu Hause für eine meditative Stimmung! Dann können Sie die Ereignisse des Tages richtig überdenken und verarbeiten.

26. Woche 2022

Juli

1 Freitag — 02.41

2 Samstag

3 Sonntag — 14.32

Elementegruppe: **Feuer**
Besondere Nahrungsverträglichkeit: **Eiweiß**
Beeinflusster Pflanzenteil: **Frucht**
Dominierte Körperregionen, -funktionen: **Herz, Kreislauf, Blutdruck**

Gesunde Ernährung

- Der zunehmende Mond steht im Löwen. Wenn Sie jetzt Bohnen, Mais, Paprika, Tomaten oder Zucchini essen, kräftigen Sie sehr effektiv Ihr Herz.
- An Feuertagen wird Eiweiß meist gut verwertet, und Fruchtgemüse ist sehr bekömmlich. Wie wär's mit gefüllten Paprikaschoten zum Essen?

Für den Fortschritt

Sie wollen mit einem tollen Konzept andere Wege gehen? Der Löwemond macht in aller Regel sehr kreativ und steigert die Courage, neue Ideen auch umzusetzen. Keine Scheu, packen Sie's an!

Der Mensch von heute
muss Mut zu sich selbst haben.
Erich Fromm

Gartenarbeit und Freizeit an diesem Löwetag

Die Mondkonstellation ist optimal, um Süßkirsche- sowie Pfirsichbäume zu veredeln. Zudem ist es an der Zeit, neue Erdbeerbeete mit einmaltragenden Sorten anzulegen, wenn man bereits im nächsten Jahr den vollen Ertrag haben möchte. Ebenso begünstigt ist nun die Aussaat bzw. -pflanzung folgender Gemüse im Freien: Zucchini, Kürbisse, Gurken und Zuckermais.

Und Widmen Sie heute Ihre ganze Freizeit dem Partner bzw. der Familie!

4 Montag

Elementegruppe: **Erde**
Besondere Nahrungsverträglichkeit: **Salz**
Beeinflusster Pflanzenteil: **Wurzel**
Dominierte Körperfunktionen: **Stoffwechsel, Verdauung**

Haus und Garten
Einige Ihrer Balkonpflanzen müssen umgetopft werden? Warten Sie nicht damit! Heute und morgen ist die Mondkonstellation noch sehr gut. Auch günstig: den Komposthaufen feststampfen, Bäume und Hecken pflanzen.

Tipp Bekanntschaften zu pflegen ist an Jungfrautagen nicht so gut. Falls Sie am Abend aber doch Ihre Clique treffen, sollten Sie sich besser auf keine strittigen Themen einlassen!

Vor allen Dingen eine Kleinigkeit
als eine Kleinigkeit ansehen!
Gotthold Ephraim Lessing

5 Dienstag

Für die Gesundheit
- Der Mond wirkt jetzt kräftigend und aufbauend. Deshalb kann zurzeit mit einer Kur oder Rehabilitationsmaßnahmen viel erreicht werden.
- Um zu verhindern, dass Ihre Verdauung bei diesem Mondstand empfindlich gestört wird, ist es ratsam, auf allzu schwere Speisen zu verzichten.

Typisch Jungfrautag
Privat Manchmal beschleicht einen das Gefühl, dass man alle gegen sich hat. Da Sie momentan aber völlig in sich ruhen, können Ihnen Sticheleien nichts anhaben!
Im Job Jetzt kann man Sie durch Kritik oder auch Zeitdruck nicht aus dem Konzept bringen. Sie arbeiten selbstbewusst in aller Ruhe weiter, was sich letztlich auszahlen wird.

Tipp Für das Anlegen von neuem Rasen ist nun ein idealer Termin.

6
Mittwoch

00.26

7
Donnerstag

04.15

Elementegruppe: **Luft**
Besondere Nahrungsverträglichkeit: **Fett**
Beeinflusster Pflanzenteil: **Blüte**
Dominierte Körperregionen: **Hüfte, Nieren, Blase**

Berufsleben

An diesem Waagetag gibt es im Job kein nennenswertes Problem, das Sie nicht lösen könnten. Falls Sie voll konzentriert bei der Sache sind!

Augen und Ohren auf! Heute zeigt Ihnen vielleicht jemand, den Sie verehren, dass er Sie auch sehr mag. Daraus könnte noch was werden!
Sich in den Abendstunden etwas zurückzuziehen und sich musischen Dingen zu widmen wäre heute sicherlich genau das Richtige für Sie.

Allein sein müssen ist das Schwerste, allein sein können das Schönste.
Hans Krailsheimer

Und weiter geht's im Garten

- Mondphase und -stand erleichtern es jetzt, Brokkoli anzusäen. Außerdem ist der Zeitpunkt günstig, um wieder mal den Kompost festzustampfen.
- Wenn Sie vor einiger Zeit zweijährige Blumen gesät haben, ist es jetzt so weit, dass Sie sie pikieren und auspflanzen können.
- Bei dieser Mondkonstellation kann man herbstblühende Zwiebelgewächse auspflanzen, wie z. B. Herbstzeitlose und Herbstkrokus.
- Blütenkräuter können gegen unterschiedlichste Gesundheitsprobleme eingesetzt werden. Diese Mondkonstellation ist für das Sammeln ideal.

Frische

- Tun Sie Ihren Haaren etwas Gutes: Das Waschen, eine Pflegespülung sowie das Tönen oder Färben werden vom Mond jetzt begünstigt.
- Sie fühlen sich am Abend schlapp, haben aber noch einiges vor? Dann nehmen Sie doch ein Wacholderbad! Das erfrischt und regt an.

8
Freitag

07.16

Elementegruppe: ***Wasser***
Besondere Nahrungsverträglichkeit: ***Kohlenhydrate***
Beeinflusster Pflanzenteil: ***Blatt***
Dominierte Körperregionen: ***Sexualorgane, Harnleiter***

Was steht auf dem Speiseplan?
Leichte Kost trägt zu einem guten Körpergefühl bei. Heute sind z. B. besonders Meeresfische, Fenchel und Sprossen zu empfehlen.

Kräuter und Gemüse
- Mondphase und -stand sind jetzt optimal für das Ernten von Blattkräutern. Und was Sie nicht sofort brauchen, das frieren Sie am besten ein.
- Zudem können Fenchel, Kohlrabi, Römischer Salat und Staudensellerie ausgepflanzt sowie Mangold, Blumenkohl und Schnittsalat gesät werden.

Tipp Verbringen Sie einen stimmungsvollen Abend mit Kerzenlicht, feinem Essen, einem guten Tropfen und Musik. Das ist Programm genug!

9
Samstag

! Es gibt Tage, an denen man sein Gefühlschaos einfach akzeptieren muss, weil man momentan für keine Ordnung sorgen kann. Haben Sie Geduld. Dann wird sich vieles ganz von alleine wieder in Wohlgefallen auflösen!

Im Falle von Meinungsverschiedenheiten sollten Sie nicht auch noch versuchen, immer **das letzte Wort** zu haben. So könnte die Situation eskalieren!

Beim Stand des Mondes in Krebs, Skorpion oder Fische ist grundsätzlich vom **Backen** abzuraten, weil der Teig meistens viel zu feucht gerät.

Tun Sie Ihr Bestes, wenn Sie heute endgültig eine **Projektplanung** abgeschlossen haben müssen. Der Mond ist jetzt noch voll auf Ihrer Seite!

Tipp Verzichten Sie darauf, an diesem Skorpiontag eine Ausstellung mit moderner Kunst anzusehen. Wahrscheinlich fänden Sie kaum Gefallen daran.

10
Sonntag

10.35

Elementegruppe: **Feuer**
Besondere Nahrungsverträglichkeit: **Eiweiß**
Beeinflusster Pflanzenteil: **Frucht**
Dominierte Körperregionen: **Oberschenkel, Venen**

Zwischen 06.35 und 08.35 Uhr fördert ein Mond-Pluto-Sextil Ihre Leistungsstärke. Wenn jetzt Ihr Improvisationstalent gefragt ist, überlegen Sie schnell, aber genau, wie Sie am besten vorgehen, und können dann schier Unvereinbares unter einen Hut bekommen.

Sonntagsfreuden

- Wie wäre es mit einem selbstgebackenen Obstkuchen? Der zunehmende Mond im Schützen trägt dazu bei, dass er Ihnen hervorragend gelingt.
- Ernähren Sie sich jetzt leicht und gesund: z. B. mit magerem Wild und vor allem mit Fruchtgemüse, das an einem Feuertag sehr bekömmlich ist.
- Schützetage sind wie geschaffen für einen Ausflug. Man empfindet es als recht mild, selbst wenn der Wettercharakter zurzeit eher unfreundlich ist.

11
Montag

! Solange Sie heute alles, was Sie anpacken, mit einer selbstkritischen Haltung betrachten, werden Ihnen keine ärgerlichen Pannen passieren. Wer sich einbildet, unfehlbar zu sein, kann unter Umständen aber schnell eines Besseren belehrt werden!

Für ein gutes Körpergefühl

An Schützetagen wirkt der Mond auf den Oberschenkelbereich. Unterstützen Sie das, indem Sie Buchweizen essen. Der kräftigt das Bindegewebe!

Viel zu tun im Garten

- Aufsteigender Mond heißt Erntezeit! Jetzt könnten bereits Frühzwetschgen, Mirabellen, Sauerkirschen sowie erste Äpfel und Birnen so weit sein.
- Lesen Sie zwischendurch auch immer wieder mal das Fallobst auf, das Sie nicht essen wollen. Das dämmt nämlich deutlich die Verbreitung von Schädlingen ein.

12
Dienstag

11.02

Das tut gut, jenes weniger

Eine Pflegemaske, die Sie an einem Steinbocktag kurze Zeit vor Vollmond auftragen, wird Ihre Gesichtshaut zu neuem Leben erwecken! Aber bei dieser Mondkonstellation sollten Sie darauf achten, weder Knochen noch Gelenke zu überlasten. Das gilt für den ganz normalen Alltag und besonders für sportliche Aktivitäten.

Empfehlenswerte Gartenarbeiten

An diesem Erdtag sind Ernte und Einlagerung von Frühlingszwiebeln, Rettich, Schalotten, Frühmöhren sowie Lauch begünstigt. Auch wichtig: den Komposthaufen feststampfen und falls nötig befeuchten sowie alle Pflanzen wässern, die es brauchen.

13
Mittwoch

20.39

Heute ist der perfekte Termin, **Wurzeln** zu sammeln – vor Sonnenaufgang oder nach Sonnenuntergang. Auch die Kräutersalbenherstellung ist jetzt günstig.

Sie möchten jemandem Ihre **Liebe** gestehen? Bei Vollmond, in freier Natur? Das ist ziemlich romantisch und kommt ganz sicher gut an!

Nützen Sie diese Mondphase, um Ihr **Sommergemüse** zu düngen. Vor allem den Wurzelgemüsen kommt das heute sehr zugute.

Für alle, die wieder mal Appetit auf selbst gesammelte **Pilze** haben: Jahreszeit und Mondkonstellation sind eigentlich optimal dafür geeignet!
Führt eine Freilichtbühne in Ihrer Nähe ein interessantes Stück auf? Gehen Sie hin – an Steinbocktagen weiß man gutes **Theater** sehr zu schätzen!

14
Donnerstag
10.15

Elementegruppe: **Luft**
Besondere Nahrungsverträglichkeit: **Fett**
Beeinflusster Pflanzenteil: **Blüte**
Dominierte Körperregionen: **Unterschenkel, Venen**

Venenentzündung?
In diesem Fall und bei Problemen mit Krampfadern ist Brennnesseltee ein wirksames Mittel, das leicht zubereitet werden kann.

Beruflich und privat

- Wenn der Mond im Wassermann steht, sind u. a. Projektplanungen, Werbemaßnahmen und künstlerische Tätigkeiten begünstigt.
- An Wassermanntagen werden Partnerschaften meist von Vernunft regiert. Trotzdem lässt sich Streit nicht immer vermeiden. Aber eine Eskalation!

Tipp Ein unters Kopfkissen gelegtes Kräuterkissen beruhigt und verbessert damit die Nachtruhe. Heute ist die Herstellung besonders günstig.

15
Freitag

! Reagieren Sie auf konstruktive Kritik nicht verärgert, sondern seien Sie vielmehr dankbar. Sie wissen ja schließlich, dass die Tatsache, selbst von etwas überzeugt zu sein, noch lange nicht vor einem Irrtum schützen muss.

Bei Verhandlungen, dem Ausbau beruflicher Kontakte und anderem, das Ihre **Kommunikationsfähigkeit** fordert, haben Sie nun eine glückliche Hand.

Der Abend ist geprägt von starker **Intuition** (das sind wohl die Vorboten des näher kommenden Fischemondes) und kann neue Erkenntnisse bringen. Gehen Sie in sich!

Über Vergangenes mache Dir keine Sorge,
dem Kommenden wende Dich zu.

Laotse

16
Samstag

10.19

***Elementegruppe:* Wasser**
***Besondere Nahrungsverträglichkeit:* Kohlenhydrate**
***Beeinflusster Pflanzenteil:* Blatt**
***Dominierte Körperregionen:* Füße, Zehen**

! Verlieren Sie sich an diesem Fischetag nicht in purem Aktionismus, sondern setzen Sie Ihre Kräfte gezielt ein. Sonst haben Sie letztlich zwar ziemlich viel gemacht, aber eigentlich nichts erreicht! Gönnen Sie sich abends dann viel Ruhe, damit Sie ungestört über das eine oder andere nachdenken können. Und gehen Sie auch rechtzeitig schlafen.

17
Sonntag

Da der Mond abnimmt, wird eine jetzt begonnene Entschlackungs- oder Schlankheitskur eine besonders gute Wirkung zeigen.

Dem Partner gegenüber anzusprechen, was Sie schon lange bedrückt, ist allemal besser, als zu schweigen. Heute haben Sie die nötige Courage!

Nützen Sie noch die warme Jahreszeit, um so oft wie möglich im Freien zu schwimmen. An Fischetagen ist dieses Erlebnis noch mal so schön!

18
Montag

13.19

Der Garten ruht nicht

- Mondphase und -stand begünstigen die Aussaat von Wintersalat, Chinakohl und Pak Choi sowie das Auspflanzen von Kopfsalat.
- Jetzt sollte man den Komposthaufen für den Herbstverbrauch umsetzen. Im späten Juli enthält er nämlich noch relativ wenig Schneckeneier.
- Haben Sie im Garten eine laubabwerfende Hecke, wie z.B. Hain- oder Rotbuche? Die Mondkonstellation ist für einen Sommerschnitt ideal!

19
Dienstag

Elementegruppe: Feuer
Besondere Nahrungsverträglichkeit: Eiweiß
Beeinflusster Pflanzenteil: Frucht
Dominierte Körperregionen: Kopf, Gesicht

Beruflich erfolgreich

Der Mondstand trägt nun zu vielem bei: Sie sind mit sich zufrieden, die Arbeit geht Ihnen leicht von der Hand, und Ihre Ergebnisse können überzeugen. Zudem verfügen Sie über genügend Dynamik und die nötige Sensibilität, um sich durchzusetzen, ohne dabei jemanden vor den Kopf zu stoßen.

Geselligkeit

Widdertage steigern die Lust zu kommunizieren. Heute sind Sie entspannt und gehen interessiert auf andere zu.

Tipp All der Freiraum, den Sie jetzt Ihrem Partner zugestehen, vergrößert dessen Vertrauen in Ihre Beziehung. Das macht Sie beide zufriedener.

20
Mittwoch

16.20

20.24

Zwischen 08.29 und 10.29 Uhr trägt ein Mond-Saturn-Sextil zur Genauigkeit Ihrer Argumente bei. Wenn Sie jetzt alle Register ziehen, wird sich Ihr Kontrahent in einem Streitgespräch schnell geschlagen geben müssen.

Garten

- Düngen Sie an diesem Fruchttag einmal Ihre Obstgehölze. Das unterstützt wirkungsvoll die Bildung der Blütenansätze für das nächste Frühjahr.
- Johannis- und Stachelbeersträucher sollten nun auf Mehltau hin untersucht werden. Befallene Triebspitzen muss man sofort entfernen und vernichten.

Feierabend

Sehr empfohlen werden können beim jetzigen Mondstand folgende Freizeitaktivitäten: einen Ausflug machen, tanzen gehen sowie ein Theaterstück ansehen. Und machen Sie eventuellen Bewegungsmangel wett, indem Sie ausgiebig Sport treiben oder zumindest etwas länger spazieren gehen.

21 Donnerstag

Elementegruppe: **Erde**
Besondere Nahrungsverträglichkeit: **Salz**
Beeinflusster Pflanzenteil: **Wurzel**
Dominierte Körperregionen: **Kiefer, Hals, Nacken**

! Ihre Erkenntnisfähigkeit ist heute sehr groß. Sie sind geistig so wach und wendig, dass Sie endlich Zusammenhänge verstehen, über die Sie sich schon lange den Kopf zerbrochen haben. Sie müssen sich nur voll auf das Thema einlassen! Und versuchen Sie möglichst vormittags sowie am frühen Nachmittag das Wesentliche konzentriert wegzuarbeiten (der Stiermond unterstützt Sie dann besonders).

Durch Anstrengung gelingen die Werke, nicht durch Wünsche.

Narayana

Tipp Haben Sie gestern sehr würzig gegessen? Knoblauchatem lässt sich recht gut durch das Kauen von Aniskörnern neutralisieren.

22 Freitag

Kontakte
Sie verstehen sich beim jetzigen Mondstand mit den anderen sehr gut. So gibt es keine Gedanken oder Gefühle, die Sie im typischen Alltag behindern. Und wo die Harmonie in zwischenmenschlichen Beziehungen grundsätzlich fehlt, kann sie jetzt leichter hergestellt werden!

Ernten und mehr
- Der Mond im Stier ist günstig für das Ernten und Einlagern. Den Boden der abgeernteten Beete sollten Sie dann gleich lockern und mulchen.
- Lieben Sie Knoblauch? Der abnehmende Stiermond im späten Juli und im August ist erfahrungsgemäß eine sehr günstige Zeit, um ihn zu stecken.

Konservieren
Haben Sie in Ihrem Garten schon kräftig geerntet? Der heutige Mondtermin wäre nämlich sehr für das Einkochen von Wurzelgemüse geeignet.

Elementegruppe: **Luft**
Besondere Nahrungsverträglichkeit: **Fett**
Beeinflusster Pflanzenteil: **Blüte**
Dominierte Körperregionen: **Schultern, Arme, Hände**

23 Samstag

07.12

Schädlinge und Verblühtes

- Zwillingetage bei abnehmendem Mond sind für die Bekämpfung von oberirdischen Schädlingen bestens geeignet, z. B. mit Kräuterjauchen.
- Machen Sie sich die Mühe und entfernen Sie alle verblühten Teile an Ihren Sommerblumen und Stauden. Die Mondkonstellation unterstützt das.

24 Sonntag

Das Obst des Tages

Der abnehmende Mond in den Zwillingen trägt zur Linderung von Asthma bei. Unterstützen kann man das noch, indem man vermehrt Aprikosen isst. Auch zu empfehlen sind Kiwis und Johannisbeeren – sie regen die Muskeltätigkeit an. Und Kirschen, die Rheuma lindern können!

Tipp Nur zu, falls Sie heute richtig Lust verspüren auszugehen! Es wird Sie nämlich sehr entspannen, ein paar sympathische Leute zu treffen.

25 Montag

19.55

Mondpause

Sie beginnt um 10.16 Uhr und dauert knapp zehn Stunden.
Müssen Sie einen aufwendigen Text abschließen? Schieben Sie das nicht auf, sondern nützen Sie noch den Einfluss des Mondes in den Zwillingen!

Freizeit

Wieder mal Lust auf Kino, Museum oder Konzert? Das wäre jedenfalls die beste Alternative, wenn das Wetter nicht mitspielen sollte.

26 Dienstag

Elementegruppe: **Wasser**
Besondere Nahrungsverträglichkeit: **Kohlenhydrate**
Beeinflusster Pflanzenteil: **Blatt**
Dominierte Körperregionen: **Magen, Lunge, Galle, Leber**

Erfolg
An Krebstagen (sowie Waage- und Wassermanntagen) sind insbesondere all jene Tätigkeiten begünstigt, die viel Fingerspitzengefühl erfordern.

Nicht vergessen!
Bei diesem Mondstand sollte man wegen des großen Fäulnisrisikos weder ernten noch einlagern. Das Einfrieren oder Einkochen von Gemüse und Obst ist ebenso zu vermeiden. Man muss sonst nämlich mit erhöhter Schimmelgefahr rechnen.

Tipp Achten Sie an Krebstagen darauf, dass Ihnen nichts auf den Magen schlägt. Also nicht aufregen sowie zu viel Fett und Alkohol meiden!

27 Mittwoch

Krebsmond und Liebesglück
Beim heutigen Mondstand fällt es Ihnen leicht, dem Partner gegenüber sehr zuvorkommend zu sein. Das schafft eine besonders zärtliche Stimmung zwischen Ihnen.
Ein gemütlicher Sommerspaziergang und danach Dinieren in einem eleganten Restaurant – verbringen Sie ein paar schöne gemeinsame Stunden!

Das Glück beruht oft nur auf dem Beschluss, glücklich zu sein.
Lawrence Durrell

Für guten Schlaf
Haben Sie bisweilen Ein- und Durchschlafstörungen? Geben Sie 7 Tropfen Sandelholzöl mit etwas Wasser in die Duftlampe. Das beruhigt!

28
Donnerstag

19.56

08.37

Elementegruppe: **Feuer**
Besondere Nahrungsverträglichkeit: **Eiweiß**
Beeinflusster Pflanzenteil: **Frucht**
Dominierte Körperregionen, -funktionen: **Herz, Kreislauf, Blutdruck**

Wer beim heutigen Löwe-Neumond keinen Fasttag einlegen möchte, kann beispielsweise diesen sommerlich leichten Salat probieren.
Linsen regulieren den Blutzuckerspiegel, tragen viel zur Blutbildung bei und sind daher beim jetzigen Mondstand sehr bekömmlich – eine wirklich optimale Wahl eben.

Rote Linsen mit Rucola
Zutaten für 1 Portion

1 Ei
⅛ l Gemüsebrühe
aus Würfel oder Pulver
50 g rote Linsen
1 kleine Chilischote
50 g Rucola
1 TL Zitronensaft
Salz, Pfeffer
3TL Öl
3 Stängel Basilikum

Zubereitungszeit: 45 Minuten

1. Das Ei hartkochen. Die Gemüsebrühe aufkochen, die Linsen darin in etwa 15 Minuten garen.

2. Die Chilischote putzen, aufschneiden, die Kerne entfernen und die Schote ganz fein würfeln. Den Rucola putzen, die langen Stängel abschneiden, große Blätter eventuell kleinzupfen.

3. Aus dem Zitronensaft, Salz, Pfeffer und dem Öl eine Salatsauce rühren.

4. Die Linsen abgießen, den Sud auffangen und mit den Saucenzutaten vermischen. Das Basilikum waschen, die Blätter kleinzupfen.

5. Die Linsen mit dem Rucola, den Chiliwürfeln und dem Basilikum vermengen, die Salatsauce untermischen. Das Ei in Achtel schneiden und den Salat damit garnieren.

29
Freitag

Elementegruppe: **Feuer**
Besondere Nahrungsverträglichkeit: **Eiweiß**
Beeinflusster Pflanzenteil: **Frucht**
Dominierte Körperregionen, -funktionen: **Herz, Kreislauf, Blutdruck**

! Verlieren Sie heute bei der Arbeit nie den Blick für das Übergeordnete, sonst verirren Sie sich womöglich in Details, die eigentlich keine wesentliche Bedeutung haben. Das wäre sehr schade um Ihre Kraft und Zeit!

Hülsenfrüchte und Beeren
Der zunehmende Mond in einem Feuerzeichen ist eine gute Zeit, um Buschbohnen zu legen oder auch Erdbeeren zu pflanzen bzw. zu vermehren.

Sommerspaß
Sicher läuft gerade irgendwo eine Open-Air-Veranstaltung, die an diesem Löwetag Ihr kunstverständiges Herz höherschlagen ließe! Was hält Sie davon ab hinzugehen?

30
Samstag

20.12

Mondpause
Die letzte längere im Juli beginnt um 6.30 Uhr und dauert etwa 14 Stunden. Helfen Sie den anderen, wo Sie können. Und nehmen Sie die Unterstützung der anderen an, wo Sie sie brauchen. So wird der Tag für alle erfolgreich! Außerdem sollten Sie heute mit Ihrer Freizeit etwas richtig Schönes anfangen. Und machen Sie sich über die Vorschläge von anderen nicht lustig, sondern lassen Sie sich motivieren.

Arbeit in Garten und Haus
- Mondphase sowie -stand bedingen, dass nach wie vor alle Fruchtgemüse ausgepflanzt werden können, wie beispielsweise Paprika und Auberginen.
- Im Garten reifen nun immer mehr Früchte heran. Da wächst auch die Lust auf selbst gemachte Marmelade. Das Einkochen ist heute sehr begünstigt. Obst, das Sie nun nicht einkochen, können Sie bei dieser Mondkonstellation gut einfrieren. Es wird nach dem Auftauen wie frisch geerntet schmecken.

31
Sonntag

Elementegruppe: **Erde**
Besondere Nahrungsverträglichkeit: **Salz**
Beeinflusster Pflanzenteil: **Wurzel**
Dominierte Körperfunktionen: **Stoffwechsel, Verdauung**

Ruhe bewahren!
Man muss nicht immer gleich auf jede Verstimmung in der Partnerschaft reagieren. Und falls doch: Sachliches Gespräch ja, hitzige Diskussion nein!

Denken Sie an diesem Jungfrautag darüber nach, was Sie ändern könnten, um bei **Routinearbeiten** Zeit einzusparen. Sie werden sicher fündig.

Gartenarbeiten
Die jetzige Mondkonstellation passt sehr gut, um Nadelgehölze und Immergrüne zu pflanzen. Zudem herrschen die allerbesten Bedingungen, um eine neue Rasenfläche anzusäen. Aber auch das Feststampfen des Komposthaufens sowie das Pflanzengießen ist nun zu empfehlen.

1
Montag

Nationalfeiertag der Schweiz

Ansporn
Der Einfluss eines Mond-Uranus-Trigons sorgt von 08.31 bis 10.31 Uhr für jede Menge Einfälle und frische Motivation. Sie spüren eine Art Feuer in sich und sind kaum zu bremsen!

Sich Zeit und Raum lassen
Privatleben: Sie wissen, dass Geduld eine wichtige Voraussetzung für den Aufbau einer Beziehung ist. Daher sehen Sie über manches hinweg, das momentan im Argen liegt.
Berufsleben: Genug Antrieb ist vorhanden. Was Sie nun aber noch brauchen, sind hinreichend Ausdauer und Sorgfalt.

Der Mensch ist frei wie der Vogel im Käfig;
er kann sich innerhalb gewisser Grenzen bewegen.
Johann Kaspar Lavater

2
Dienstag

06.07

Elementegruppe: Luft
Besondere Nahrungsverträglichkeit: Fett
Beeinflusster Pflanzenteil: Blüte
Dominierte Körperregionen: Hüfte, Nieren, Blase

Blase und Nieren

- Trinken Sie besonders an Waagetagen viel Salbeitee. Der unterstützt die Blasentätigkeit und lindert auch eventuelle Leiden in diesem Bereich.
- Verstärken Sie jetzt auch mit geeignetem Obst und Gemüse Ihre Nierenfunktion: z. B. mit Birnen, Himbeeren, Artischocken und Blumenkohl.

3
Mittwoch

! Sollte sich heute die eine oder andere schwierige Situation ergeben, müssen Sie sich unbedingt um einen für alle tragbaren Konsens bemühen. Sonst bricht womöglich ein Konflikt aus, der noch viel Zeit und Kraft kosten könnte.

- Bei diesem Mondstand sollte es Ihnen nicht schwerfallen, sich im Falle einer Auseinandersetzung mit Kollegen fair zu verhalten. Zeigen Sie Stil!
- Sie haben dem Partner etwas zu beichten? Tun Sie's heute. Jetzt fällt es Ihnen leichter, und der andere ist sicher schnell bereit, Ihnen zu verzeihen!

4
Donnerstag

13.48

Frisch und sauber

Steht der Mond in den Luft- oder Feuerzeichen, ist das Lüften begünstigt. Bei strömendem Regen sollten Sie es aber auch dann nicht zu lange tun. Falls Sie Staub wischen und Holzböden reinigen wollen, ist es besser, dies nur trocken zu erledigen.

Tipp Falls Sie gewisse Stauden in Ihrem Garten teilen und verpflanzen wollen, sollten Sie das nicht aufschieben. Der Mond ist nun sehr günstig.

5
Freitag
13.08

Elementegruppe: Wasser
Besondere Nahrungsverträglichkeit: Kohlenhydrate
Beeinflusster Pflanzenteil: Blatt
Dominierte Körperregionen: Sexualorgane, Harnleiter

Stellen Sie manche **Kosmetika** selbst her? Bei dieser Mondkonstellation ist es sehr günstig, die dafür benötigten Blattkräuter zu pflücken.
An Wassertagen (Mond in Krebs, Skorpion oder Fische) wirkt ein Bad mit **Lavendelzusatz** besonders beruhigend und hebt zudem das Körpergefühl.

Und noch mehr Gartenarbeit

- Mondphase und -stand begünstigen das Auspflanzen von Blattgemüse wie Blumenkohl, Zuckerhut, Kohlrabi und Fenchel.
- Nutzen Sie diese Skorpiontage auch, falls Sie zurzeit irgendwelche Arbeiten an Ihrem Brunnen im Garten verrichten müssen.
- Hat Ihr Gartenteich aufgrund der Sommerhitze mittlerweile viel Wasser verloren? Wenn ja, sollten Sie das jetzt mal wieder regulieren.

6
Samstag
18.40

Mond und Psyche

- Werfen Sie nicht so schnell hin, wenn Ihnen jetzt plötzlich Zweifel am eigenen Konzept kommen. Gehen Sie in Ruhe alles noch mal durch!
- An Skorpiontagen betrachtet man meist alles viel zu emotional. Treffen Sie jetzt in Privatangelegenheiten keine weitreichenden Entscheidungen!
- Fahren Sie abends an einen See oder Fluss, betrachten Sie das Spiel der Wellen. Dabei können Sie die Zerstreuung finden, die Sie jetzt brauchen.

Alle wahren Muster des Geschmacks sind in der Natur.
Jean-Jacques Rousseau

Gebotene Vorsicht

Lassen Sie die Küche besser kalt. Es könnte nämlich durchaus passieren, dass Ihnen das, was Sie kochen, nicht gelingt. Vor allem Experimentelles!

7 Sonntag

Elementegruppe: Feuer
Besondere Nahrungsverträglichkeit: Eiweiß
Beeinflusster Pflanzenteil: Frucht
Dominierte Körperregionen: Oberschenkel, Venen

Schmeckt und hilft

Vor allem an Schützetagen sollten Sie Zitronenmelisse zu sich nehmen. Die schmeckt zu vielen Gerichten oder in Säften bzw. als Tee und entspannt die Muskulatur.

Ist köstlich und lässt träumen

Nützen Sie diese Mondkonstellation, um Marmelade zu kochen. Dann haben Sie noch im Winter den Geschmack des Sommers auf der Zunge!

Tut gut und bringt Abwechslung

Fahren Sie mal wieder etwas Rad. Aber übertreiben Sie es nicht. Sonst holen Sie sich bei dieser Mondkonstellation noch einen Muskelkater.

8 Montag

20.40

Mondpause

Sie beginnt um 12.31 Uhr und währt gute acht Stunden.
Der Umgang mit anderen – ob bei den üblichen oder neuen Kontakten – bereitet Ihnen während dieser Zeit keine Mühe. Meistens genießen Sie ihn.

Garten und Forst

- Die Saison für Erdbeeren ist vorbei. Wenn Sie noch welche pflanzen, müssen Sie damit rechnen, dass sie im nächsten Jahr nicht voll tragen werden.
- Es gehört zum alten Wissensschatz der Bauern, dass bei zunehmendem Mond im Schützen eingeschlagenes Kaminholz nicht gut brennen wird.

Das Leben genießen

Gönnen Sie sich auch zwischendurch mal einen schönen Abend in einem stimmungsvollen Restaurant – ob mit dem Partner oder der ganzen Familie.

9 Dienstag

Elementegruppe: **Erde**
Besondere Nahrungsverträglichkeit: **Salz**
Beeinflusster Pflanzenteil: **Wurzel**
Dominierte Körperregionen: **Knie, Haut, Knochen**

! Lassen Sie sich heute nicht gleich bei Kleinigkeiten zu Begeisterungsstürmen hinreißen, bewahren Sie Ihre kritische Grundhaltung. Vermeiden Sie aber auch übertriebenes Misstrauen gegen alles und jeden – sonst werden Sie handlungsunfähig.

Haus und Garten

- Wer Sauerkraut liebt und zwischendurch selbst welches macht, sollte diesen Erdtag für das Hobeln und Einlegen des Weißkohls nutzen.
- Der Mond unterstützt jetzt das Pflanzen von Nadelgehölzen. Man darf dann mit gutem Gedeihen und geradem Wuchs rechnen.
- Falls Sie gerade Äpfel und Birnen ernten: Denken Sie immer daran, dass beschädigtes, z. B. gequetschtes, Obst nicht eingelagert werden sollte.

10 Mittwoch

20.46

Dynamik

Beruflich: Unter dem Einfluss des zunehmenden Mondes im Steinbock sind Sie in der Lage, ein Konzept zu entwickeln, mit dem Sie auffallen werden.
Allgemein: Von 15.46 bis 17.46 Uhr bilden Mond und Pluto eine Konjunktion. Egal, womit Sie sich da gerade beschäftigen – Sie müssen sich eigentlich nicht anstrengen. Es fliegt Ihnen alles regelrecht zu. Das sind zwei Stunden, wie man sie nicht ständig erleben kann!

Muße

Widmen Sie sich am Abend einer Lektüre, die Sie bereichern und aufbauen kann. Schicken Sie Ihre Gedanken sozusagen auf eine spirituelle Reise!

Lesen ist vielleicht ein Schaffen zu zweien.
Honoré de Balzac

11
Donnerstag

Elementegruppe: **Luft**
Besondere Nahrungsverträglichkeit: **Fett**
Beeinflusster Pflanzenteil: **Blüte**
Dominierte Körperregionen: **Unterschenkel, Venen**

Denken und handeln

Der jetzige Mondstand begünstigt alle Aktivitäten, die Kreativität erfordern. Auch deshalb, weil man nun die Energie hat, Ideen umzusetzen!

Hoffen und handeln

Von einer Beziehung nur idealistische Vorstellungen zu haben ist zu wenig. Man muss sie auch verwirklichen. Und darum bemühen Sie sich an diesem Wassermanntag!

Das Herz hat seine Vernunft, die der Verstand nicht kennt.
Blaise Pascal

12
Freitag

03.37

20.45

100

Vorsicht! An einem Wassermanntag, vor allem bei Vollmond, ist langes Stehen geradezu Gift für Ihre Beine. Vermeiden Sie es also möglichst.

Gute Impulse

- Kontrollieren Sie einmal, ob gewisse Pflanzen jetzt noch eine Düngung brauchen. Im September sollte das Düngen dann langsam enden.
- Bei dieser Mondkonstellation sind anregende Bäder, sämtliche Maßnahmen zur Hauternährung sowie gymnastische Übungen, die die Muskeln stärken, besonders wirksam.

Spontane Impulse

Geben Sie heute bei der Freizeitgestaltung nicht gleich jeder plötzlichen Idee nach. Sie wären mit Ihrer Entscheidung wahrscheinlich nicht zufrieden!

13
Samstag

Elementegruppe: Wasser
Besondere Nahrungsverträglichkeit: Kohlenhydrate
Beeinflusster Pflanzenteil: Blatt
Dominierte Körperregionen: Füße, Zehen

Nun nimmt der Mond wieder ab, und der **Körper** verträgt mehr. An Fischetagen sind Genussmittel (vor allem Alkohol) trotzdem stets problematisch.

Bei diesem Mondstand taucht man manchmal tief in seine **Privatsphäre** ab. Wer aber möchte, registriert auch alles um sich herum sehr genau.

Heute eine Bewerbung zu schreiben wäre nicht das Ungeschickteste. Man kann jetzt leicht von seiner **Kreativität** überzeugen.

Der Mond in einem Wasserzeichen erhöht die **Spiritualität**. Jetzt zu meditieren ist sicherlich eine sehr intensive Erfahrung.

14
Sonntag

22.44

Fußpflege
An Fischetagen ist das Schneiden der Fußnägel nicht empfehlenswert. Warten Sie damit bis morgen, wenn der Mond wieder im Widder steht.

Selbstkritisch bleiben!
Auch bei diesem Mondstand kann es knallen! Nun sind die Erwartungen so hoch, dass Enttäuschungen oft bei Fuße folgen. Seien Sie realistisch!

Erwarte vom anderen, was du ihm selbst getan.
Publilius Syrus

Aufatmen
Ziehen Sie sich in die Gemütlichkeit Ihrer vier Wände zurück, und entspannen Sie sich. Reservieren Sie sich wenigstens eine Stunde für etwas Yoga oder autogenes Training: Das wird spürbar Ihre mentale Kraft steigern.

15
Montag

Mariä Himmelfahrt

Elementegruppe: Feuer
Besondere Nahrungsverträglichkeit: Eiweiß
Beeinflusster Pflanzenteil: Frucht
Dominierte Körperregionen: Kopf, Gesicht

Über seinen Schatten springen!
Machen Sie beim jetzigen Mondstand gegebenenfalls den ersten Schritt und gewähren Sie einen Vertrauensvorschuss. Das wird sich lohnen.

Der Edle schämt sich großer Worte;
so tut er mehr, als er zu sagen pflegt.
Konfuzius

Spätsommerliche Frische
Luft-, aber auch Feuertage bei abnehmendem Mond sind erfahrungsgemäß die besten Termine für das Lüften: ob Räume, Schränke, Garderobe oder auch Bettzeug.

16
Dienstag

Ein perfekter Termin
Sie haben Fußbodenbeläge oder Holzdielen zu verlegen? Nehmen Sie den abnehmenden Widdermond dafür wahr, dann ist ein fester Sitz sicher.

Ernte und Pflege
- Mittlerweile dürften z.B. Herbsthimbeeren, Spätkarotten und Herbstkohl erntereif sein. Widdertage gelten als die besten Erntetage überhaupt!
- Falls die Triebspitzen der Johannis- und Stachelbeeren von Mehltau befallen sind, müssen Sie sie nun vollständig entfernen und vernichten.

Zwei perfekte Stunden Von 16.49 bis 18.49 Uhr fördert ein Mond-Sonne-Trigon die Gestaltungskraft: Sollten Sie in diesem Zeitraum künstlerisch tätig sein, bekommt Ihre Arbeit eine sehr spezielle Note. Die Sonne steuert viel Kreativität und der Widdermond die Entschiedenheit bei.

Elementegruppe: **Erde**
Besondere Nahrungsverträglichkeit: **Salz**
Beeinflusster Pflanzenteil: **Wurzel**
Dominierte Körperregionen: **Kiefer, Hals, Nacken**

17
Mittwoch

04.23

Im Haus und Garten

- Nützen Sie die momentane Mondkonstellation, um alle notwendigen Streich- und Lackierarbeiten auszuführen.
- Abgeräumte Beete sollten Sie nicht einfach so liegenlassen, sondern mulchen. Noch besser ist es, dort Gründüngung zu säen.

18
Donnerstag

Meiden Sie heute nach Möglichkeit laute Orte. Denn wenn der Mond den Stier durchwandert, verträgt man **Lärm** bedeutend weniger als sonst.

Beim Stand des Mondes in Widder, Stier, Löwe oder Skorpion spielt **Erotik** eine wesentliche Rolle. Da gehen die Gefühle schnell mal mit einem durch!

Der Stiermond hilft bei allen Überlegungen bezüglich der **Finanzen**. Möchten Sie zurzeit Geld anlegen oder eine neue Versicherung abschließen?

19
Freitag

06.37

14.07

Ein Abenteuer

Stiertage schärfen erfahrungsgemäß unsre Sinne. Schlendern Sie also mal in Ruhe über den Markt, und lassen Sie Farben sowie Düfte des dortigen Angebots auf sich wirken!

Nichts ist heilsamer für die Seele als die Sinne,
so wie nur die Seele die Sinne heilen kann.
Oscar Wilde

20 Samstag

***Elementegruppe:* Luft**
***Besondere Nahrungsverträglichkeit:* Fett**
***Beeinflusster Pflanzenteil:* Blüte**
***Dominierte Körperregionen:* Schultern, Arme, Hände**

Hilfreiche Ernährung

Beim jetzigen Mondstand treten Atemwegsbeschwerden häufiger auf. Sellerie, Fenchel und Radieschen wirken bei Husten ziemlich schleimlösend.

Arbeit für Handwerker und Gärtner

- Die momentane Mondkonstellation begünstigt beispielsweise das Einsetzen von Fenstern oder das Verlegen von Fußbodenbelägen.
- Kontrollieren Sie wieder einmal die Laufplatten im Garten: Falls Sie neue legen müssen, ist diese Mondphase recht empfehlenswert dafür.
- Nützen Sie diesen Lufttag, um Knollen und Zwiebeln von nicht winterharten Blumen, die mittlerweile verblüht sind, auszugraben und für die nächste Saison kühl zu lagern.

21 Sonntag

Was dem Körper noch zugutekommt

Nehmen Sie heute gleich morgens ein **Bad**. An Zwillingetagen, und z. B. mit dem ätherischen Öl der Grapefruit versetzt, regt es ungemein an.

Kommunikation

An Zwillingetagen hat man in aller Regel ein besonderes Bedürfnis, sich mit den anderen intensiv auszutauschen. Man ist neugieriger als sonst!
Beweisen Sie aber auch Geduld, wenn Sie jetzt lange auf eine Antwort warten müssen. Bei diesem Mondstand kann es nämlich dauern, bis man sich entschieden hat!
Sollte es zwischen 09.05 und 11.05 Uhr zu einem Gespräch kommen, in dem sehr unterschiedliche Meinungen ausgetauscht werden, können Sie die nötige Ruhe bewahren. Ein Mond-Saturn-Trigon trägt dann dazu bei, dass nicht ein Wort das andere gibt. Und so kann die eigentlich friedliche Stimmung auch bewahrt bleiben.

August

22 Montag · 02.30

23 Dienstag

24 Mittwoch · 15.10

Elementegruppe: **Wasser**
Besondere Nahrungsverträglichkeit: **Kohlenhydrate**
Beeinflusster Pflanzenteil: **Blatt**
Dominierte Körperregionen: **Magen, Lunge, Galle, Leber**

Krebstage bei abnehmendem Mond sind tolle Termine für ein stimmungsvolles **Essen zu zweit** – ob gemütlich zu Hause oder stilvoll im Restaurant.

Falls Sie heute auch noch abends eine Herausforderung brauchen, spielen Sie am besten **Schach**. Das ist spannend und entspannend zugleich!

Mond und Gesundheit

- Die jetzige Mondkonstellation begünstigt erfahrungsgemäß das Entfernen von Hühneraugen und Warzen sowie das weniger schmerzliche Ziehen von eingewachsenen Nägeln.
- Verzichten Sie nun, da der Mond den Krebs durchwandert, auf alle minderwertigen Kohlenhydrate. Das ist ein wertvoller Beitrag zur Stabilität von Magen und Darm.

Stecklinge, Blattgemüse und Ziergehölze

- Der Mond begünstigt gerade die Vermehrung durch Stecklinge (z. B. von Geranien) oder durch Steckholz (z. B. von Beerensträuchern).
- Außerdem können jetzt Radicchio, Winterkopfsalat und Chinakohl ausgepflanzt werden.
- Wenn Sie jetzt allmählich die Düngung von Ziergehölzen einstellen, können die Triebe bis zum Winter erfahrungsgemäß richtig aushärten.

25 Donnerstag

Elementegruppe: **Feuer**
Besondere Nahrungsverträglichkeit: **Eiweiß**
Beeinflusster Pflanzenteil: **Frucht**
Dominierte Körperregionen, -funktionen: **Herz, Kreislauf, Blutdruck**

Niedriger Blutdruck? Bei abnehmendem Löwemond ist das durchaus kein Wunder! Ein Vollbad mit z. B. 15 bis 20 Tropfen Rosmarinöl regt intensiv die Durchblutung an.

Plus und Minus
Der jetzige Mondstand erleichtert die **Kommunikation**. Man hat kaum Berührungsängste, was aber erfahrungsgemäß oft dazu führen kann, andere dominieren zu wollen.

Für Augen und Ohren
Befriedigen Sie wieder mal das eine oder andere kulturelle Bedürfnis – z. B. mit einem längeren Museumsbesuch oder einem tollen Konzert.

26 Freitag

Mondpause
Sie beginnt kurz vor 9 Uhr vormittags und wird sich insgesamt 17,5 Stunden hinziehen.
Wurden Sie in letzter Zeit von Kollegen für so manche nicht abgesprochene Aktion kritisiert? Dann sollten Sie gerade heute alles tun, um Alleingänge zu vermeiden. Und der Abend dient dann am besten ausschließlich der Entspannung – z. B. in behaglicher Atmosphäre mit Kerzenschein und Musik.

Das Schöne ist das Gute, das Schöne ist das Wahre.
Samuel Smiles

Und der Körper?
Trinken Sie an diesem Löwetag viel Kräutertee, vor allem Brennnesseltee zur Blutreinigung. Und Melisse ist gut gegen chronische Müdigkeit.

27
Samstag

10.18

02.26

Elementegruppe: **Erde**
Besondere Nahrungsverträglichkeit: **Salz**
Beeinflusster Pflanzenteil: **Wurzel**
Dominierte Körperfunktionen: **Stoffwechsel, Verdauung**

Neustart

Tipp für alle, die es immer wieder versuchen, eine ungesunde Gewohnheit aufzugeben: Bei Neumond fällt es leichter, damit zu beginnen!
Und wer einen Tapetenwechsel im großen Stil vorhat, nämlich umziehen möchte, sollte es in dieser Mondphase tun. Jetzt wird man mit dem ganzen Aufwand besser fertig.

Top im Job

Selbst überraschende Herausforderungen sollten Sie jetzt nicht aus dem Konzept bringen! Bemühen Sie einfach Ihr Improvisationstalent – bei Neumond haben Sie Ideen!

28
Sonntag

Aufgepasst!

Falls Sie zu Verdauungsschwierigkeiten neigen, ist es besser, bei dieser Mondkonstellation auf exotische oder überwürzte Speisen zu verzichten.

Sicher halb so wild!

Haben Sie gewisse Bemerkungen des Partners beunruhigt? Lassen Sie sich nicht gleich verunsichern. Die haben wahrscheinlich weniger zu bedeuten, als Sie denken. So kurz nach Neumond ist man einfach anfällig.

Tipp 1 Sie müssen gewisse Zimmerpflanzen umtopfen? Zunehmender Spätsommermond in der Jungfrau ist dafür wärmstens zu empfehlen.
Tipp 2 Unternehmen Sie heute nichts. Ruhen Sie sich zu Beginn dieser Mondphase aus – z. B. indem Sie einfach faulenzen und früh ins Bett gehen.

August

35. Woche 2022

29
Montag

11.46

Elementegruppe: ***Luft***
Besondere Nahrungsverträglichkeit: ***Fett***
Beeinflusster Pflanzenteil: ***Blüte***
Dominierte Körperregionen: ***Hüfte, Nieren, Blase***

Mond und Fitness

- Da der Mond jetzt in der Waage steht, ist es angeraten, sich vor Unterkühlung zu schützen. Setzen Sie sich nicht auf kalte oder feuchte Flächen!
- Wer öfter Stoffwechselprobleme zu beklagen hat, sollte an Lufttagen auf eine ausgewogene Ernährung achten und nicht zu fett essen.

30
Dienstag

! Heute sollten Sie nicht versuchen, einem vertrauten Menschen Ihren Willen aufzuzwingen. Vielleicht würde er sogar nachgeben. Aber das Vertrauen und Ihr Beziehungsfriede wären sicher nachhaltig gestört!

Gartentipps Der zunehmende Mond in der Waage begünstigt z.B. das Säen von Brokkoli sowie das Pflanzen bzw. Teilen von Stauden. Die Mondkonstellation ist aber auch passend, um vorgezogene zweijährige **Blumen** an ihren endgültigen Standort zu pflanzen.

31
Mittwoch

19.12

Für Düfte, gegen schlechte Gerüche

- Haben Sie wieder mal Lust auf Kuchen oder Kleingebäck? Der Mond sorgt dafür, dass Selbstgebackenes jetzt sehr locker und lecker wird.
- Riecht es im Kühlschrank oder Geschirrspüler nicht gut? Ein altbewährtes Mittel gegen unangenehme Küchengerüche ist Natron. Probieren Sie es aus.

Tipp Bei einem Treffen mit Freunden könnten Sie sich jetzt am besten erholen – ob beim Tanzen in der Diskothek oder bei einem kulturellen Ereignis.

September

1
Donnerstag

Elementegruppe: **Wasser**
Besondere Nahrungsverträglichkeit: **Kohlenhydrate**
Beeinflusster Pflanzenteil: **Blatt**
Dominierte Körperregionen: **Sexualorgane, Harnleiter**

! Wenn Sie heute Ihre Neigung zu überschießenden Gefühlen nicht in den Griff bekommen, folgt schnell die Ernüchterung! Und falls Sie viele neue Ideen haben, sollten Sie erst mal drüber schlafen, eh Sie gleich jedermann davon erzählen.

Frisches Gemüse
Falls Sie dieses Jahr noch Spinat und Feldsalat ernten wollen, sollten Sie die heutige Mondkonstellation nutzen, um diese Gemüse auszusäen.

Dem Alltag entfliehen
Besitzen Sie eine Duftlampe? Falls nicht, besorgen Sie sich eine! Die ist nicht nur an Wassertagen ein Wundermittel – zum Abschalten, Träumen …

2
Freitag

Der richtige Umgang mit anderen
Sie haben heute nicht gerade das beste Nervenkostüm? Dann vermeiden Sie vor allem, dazu beizutragen, dass kritische Situationen eskalieren! Falls Sie nun beispielsweise jemand unfreundlich behandelt, sollten Sie darauf herzlich reagieren. Das kann ihn schnell umstimmen.

Allmählich kommt der Herbst
Holen Sie jetzt langsam, aber sicher alle Kräuter aus dem Garten, die im Haus weiterkultiviert werden sollen – vor allem das Basilikum.

Für einen erholsamen Abend
- Nehmen Sie sich beim jetzigen Mondstand etwas Zeit, um über einiges zu reflektieren, ja vielleicht zu meditieren. Das wird Ihnen viel bringen.
- Wenn der Mond in einem Wasserzeichen steht, wirken Vollbäder, z. B. mit einem Lavendel- oder Kamillenzusatz, ziemlich beruhigend.

3
Samstag

20.09

00.41

Elementegruppe: ***Feuer***
Besondere Nahrungsverträglichkeit: ***Eiweiß***
Beeinflusster Pflanzenteil: ***Frucht***
Dominierte Körperregionen: ***Oberschenkel, Venen***

Schützetage neigen zu Wetterumschwüngen. Ziehen Sie sich warm genug an, damit Sie nicht plötzlich Probleme mit dem **Ischiasnerv** bekommen!

Denken Sie beim Einkaufen fürs Wochenende daran: Die bekömmlichsten **Gemüse** an diesen Feuertagen sind Buchweizen, Hülsenfrüchte, Mais, Paprika und Zucchini.

Alles, was Sie von Ihrem frischen **Erntegut** nicht gleich verbrauchen, können Sie jetzt auch einfrieren. Der Mondstand begünstigt das.

Heute ist ein schlechter Mondtermin für **Holzarbeiten** wie das Verlegen von Dielen. Das Holz arbeitet mehr, knarrt und könnte bald morsch werden.

4
Sonntag

Optimismus In diesen Sonntagsstunden von 11.51 bis 13.51 Uhr können Sie ganz bei sich sein. Da haben Sie aufgrund eines Mond-Saturn-Sextils all Ihre Gedanken gut geordnet und empfinden viel innere Ruhe. Und Sie gehen auch davon aus, dass diese Ausgeglichenheit erst mal andauern wird.

Das menschliche Denken wird sinnlos, wenn es kein bestimmtes Ziel hat.

Michel Eyquem de Montaigne

Nachdenklichkeit
Sie haben sich hohe Ziele gesetzt und sind von ihrer Erreichbarkeit überzeugt. An diesem Schützetag denken Sie nochmals Ihre Strategien durch. Ihr Partner war enttäuscht, weil Sie in letzter Zeit kaum Muße hatten, ihm zuzuhören? Das können Sie bei diesem Mondstand wiedergutmachen!

5
Montag

04.04

Elementegruppe: **Erde**
Besondere Nahrungsverträglichkeit: **Salz**
Beeinflusster Pflanzenteil: **Wurzel**
Dominierte Körperregionen: **Knie, Haut, Knochen**

Den Körper pflegen

Unterziehen Sie heute Ihre Nägel wieder mal einer intensiven Pflege. Beim jetzigen Mondstand sind sowohl Maniküre als auch Pediküre günstig.

Den Körper schonen

Vom Joggen ist bei zunehmendem Mond im Steinbock abzuraten! Es könnten nämlich Ihre Knie zu sehr in Mitleidenschaft gezogen werden und schmerzen, auch wenn Sie in diesem Bereich normalerweise keinerlei Probleme haben.

Tipp Steinbockmond ist ideal für einen Familienrat. Hören Sie sich jetzt mal wieder alle Wünsche an, oder schlichten Sie notfalls auch Streit!

6
Dienstag

Sensible Pflanzenwelt

- Nun werden die Nächte immer häufiger wirklich kalt. Haben Sie schon Ihre Tomaten geschützt? Falls nicht, decken Sie sie jetzt mit Folie ab.
- Stampfen Sie wieder mal den Komposthaufen fest. Und bei besonders trockener Witterung sollten Sie auch Ihre immergrünen Gehölze gießen.

Tipp Haben Sie mehr Wurzelgemüse geerntet, als Sie jetzt essen oder einlagern möchten? Steinbocktage sind auch für das Einkochen günstig.

Unterhaltung und Anspruch zugleich

Wie wär's mit einem Theaterbesuch? Vielleicht haben Sie abends ja mehr Lust, in fremde Welten einzutauchen, als über die eigene nachzugrübeln!

Das Ideal ist die Harmonie. Nur die Kunst fühlt dies.

Leo N. Tolstoi

7
Mittwoch

05.42

Elementegruppe: Luft
Besondere Nahrungsverträglichkeit: Fett
Beeinflusster Pflanzenteil: Blüte
Dominierte Körperregionen: Unterschenkel, Venen

Der Wassermannmond und die Beine

Da der zunehmende Mond im Wassermann weilt, wird sich nun längeres Stehen in den Beinen sehr unangenehm bemerkbar machen.

Eisern bleiben!

Beim jetzigen Mondstand könnten Sie erfahrungsgemäß ziemlich kreativ sein. Wenn Sie sich aber nicht zu einer gewissen Arbeitshaltung disziplinieren, haben Sie nichts davon!

Die perfekte Freizeit

An Wassermanntagen schätzt man meistens den Kontakt zu seinen Freunden. Rufen Sie an, und machen Sie was Schönes für den Abend aus.

8
Donnerstag

Mondpause

Die zweitgrößte Mondpause im September beginnt um 14.35 Uhr und wird über 16 Stunden andauern.
Gleich zu Beginn dieser speziellen Zeit haben Sie die Chance, mit etwas noch mal von vorn zu beginnen, das Ihnen völlig verfahren zu sein scheint. Sie gehen jetzt auch aufgrund einer Mond-Saturn-Konjunktion sehr genau vor und glauben daran, dass es Ihnen dieses Mal gut gelingen wird.
Will Ihr Partner über die gemeinsame Zukunft reden? Mondstand und -pause sind dafür ebenso günstig – vorausgesetzt, Sie wissen, was Sie möchten.

Die Welt der Blumen

- Momentan unterstützt die Mondkonstellation beispielsweise das Auspflanzen von Margeriten, Glockenblumen, Rittersporn und Schleierkraut.
- Sie möchten neue Rosen pflanzen? Berücksichtigen Sie in diesem Fall, dass ein Rosenstock nie an einen Platz sollte, wo schon zuvor einer stand.

9
Freitag

06.43

Elementegruppe: ***Wasser***
Besondere Nahrungsverträglichkeit: ***Kohlenhydrate***
Beeinflusster Pflanzenteil: ***Blatt***
Dominierte Körperregionen: ***Füße, Zehen***

! Kleinlichkeit macht sich heute nicht bezahlt. Sehen Sie darüber hinweg, wenn Ihnen etwas nicht passt, das eigentlich unbedeutend ist. Und dabei gewisse Ansprüche grundsätzlich zu überdenken kann auch nicht schaden.

Sich rüsten
Beim jetzigen Mondstand muss man auf seine Nerven achten. Einige Gemüse, z. B. Fenchel, Feldsalat und Soja, fördern die Stressresistenz.

Sich behaupten
Heute gibt es keinen Grund, eingeschüchtert zu sein. Sie haben immer wieder Einfälle, die gut genug sind, um effektiv reagieren zu können. Sie können sich also auf die typische Kreativität an Fischetagen verlassen!

10
Samstag

12.00

Dieser Tag ist optimal, um die bereits frei gewordenen **Beete** mit beispielsweise Kompost, Algenkalk oder auch Gründüngung zu versorgen.

Falls die Witterung stimmt, sollten Sie sich bei stimmungsvoller Musik auf den Balkon oder ans offene Fenster setzen und den **Mond** betrachten.

Nützen Sie die besondere Sensibilität bei dieser Mondkonstellation, um einmal intensiver darüber zu meditieren, ob Sie Ihre **Emotionen** immer genug im Griff haben.

Wir handeln alle nach dem Maße
unserer Einsicht und Kräfte.
Gotthold Ephraim Lessing

11 Sonntag

08.48

Elementegruppe: Feuer
Besondere Nahrungsverträglichkeit: Eiweiß
Beeinflusster Pflanzenteil: Frucht
Dominierte Körperregionen: Kopf, Gesicht

Am Abend macht sich der Widdermond so richtig bemerkbar: Sie fühlen sich sehr vital, suchen die Gesellschaft anderer und genießen Ihr Leben.

Gib das Beste und mach das Leben zum Feste.
Goethe

12 Montag

Müssen Sie jetzt schon heizen? Das erste **Heizen** im Herbst ist an einem Feuertag bei abnehmendem Mond begünstigt. Es wird dann schnell warm!

Beeren durch Stecklinge zu vermehren ist nun günstig: Einen abgeschnittenen Zweig mit sechs Knospen zu zwei Dritteln in die Erde stecken!

An Widdertagen hat man **Unternehmungsgeist**. Ob Sie heute eine Reise antreten oder nur einen Spaziergang machen – Sie sind in Ihrem Element.

13 Dienstag

13.40

! Bleiben Sie heute optimistisch und lassen Sie sich von niemandem in die Irre leiten, sondern halten Sie sich genau an Ihr Konzept. Dann können Sie einen wichtigen Etappensieg erringen, der Sie zum Weitermachen motiviert.

Seinen Körper spüren
Sorgen Sie bei diesem Mondstand für genügend Bewegung, und bringen Sie sich wieder mal richtig zum Schwitzen – ob bei ausgiebigem Sport, ausgelassenem Tanzen oder ...

September

14
Mittwoch

Elementegruppe: **Erde**
Besondere Nahrungsverträglichkeit: **Salz**
Beeinflusster Pflanzenteil: **Wurzel**
Dominierte Körperregionen: **Kiefer, Hals, Nacken**

An die Gesundheit denken
- Ernähren Sie sich nun möglichst leicht, mit Gemüsen, die an diesem Stiertag besonders bekömmlich sind – z. B. mit Lauch und Kartoffeln.
- In dieser Jahreszeit fegt schon so mancher raue Wind durchs Land. Denken Sie daran, dass bei Stiermond der Hals besonders anfällig ist!

Kontrollgänge
- Der Mond nimmt ab: Bringen Sie mal die Zeit auf und entfernen Sie sorgfältig alle verblühten und abgestorbenen Teile an Ihren Zimmerpflanzen.
- Überprüfen Sie Ihre Pflaumenbäume auf eventuelle Fruchtmumien. Da in diesen Pilzsporen überwintern können, müssen Sie sie beseitigen.

15
Donnerstag

22.17

Eine neue Chance
Sie bemühen sich zurzeit um einen neuen Job? In dieser Mondphase ist es günstig, eine Bewerbung zu schreiben. Da fällt Ihnen das Richtige ein! Und wenn Sie bereits ein interessantes Angebot vorliegen haben, sollten Sie heute einmal in Ruhe alles genau abwägen.

Sich neu erfinden
Dieser Stiertag ist ein guter Einkaufstermin. Der Herbst ist da, der Winter kommt auch bald – Sie müssen sicher noch Ihre Garderobe komplettieren oder gar komplett erneuern!

Der ganze Lebenslauf eines Menschen ist Verwandlung.
Johann Gottlieb Herder

16
Freitag

Elementegruppe: **Luft**
Besondere Nahrungsverträglichkeit: **Fett**
Beeinflusster Pflanzenteil: **Blüte**
Dominierte Körperregionen: **Schultern, Arme, Hände**

Mond und Kommunikation

- Ob privat oder beruflich – behandeln Sie heute jeden so, wie Sie auch selbst behandelt werden möchten. Dann investieren Sie in Ihre Zukunft!
- Haben Sie einen wichtigen Geschäftskontakt vernachlässigt? Kein Problem, wenn Sie sich bei diesem Mondstand wieder in Erinnerung bringen!
- Sie wissen, wann für etwas der richtige Zeitpunkt ist und wann nicht. Daher schneiden Sie in einer geselligen Runde am heutigen Abend auch kein ernstes Thema an.

Tipp Nach den ersten Frösten sollten die Knollen von Begonien, Dahlien und Gladiolen ausgegraben und kühl gelagert werden. Heute ist ein guter Mondtermin dafür.

17
Samstag

23.53

Effizienz

Ob Sie von 13.05 bis 15.05 Uhr noch Berufliches zu erledigen haben oder private Besorgungen machen müssen – Sie werden aufgrund eines Mond-Saturn-Trigons alles schnell in Ihrem Sinne in Ordnung gebracht haben.

In Küche und Haus

- Dieser Lufttag bei abnehmendem Mond begünstigt das Trocknen von Heilkräutern und besonders die Herstellung von Kräuterkissen.
- Mit dem geeigneten Klima, um so manchen Abend draußen zu verbringen, ist es erst mal vorbei. Zeit also, den Balkon oder die Terrasse zu reinigen!
- Sie haben vor, an Dach oder Regenrinnen Reinigungs- bzw. Ausbesserungsarbeiten vorzunehmen? Der Nachmittag ist dafür optimal geeignet.

Für **Besuche** ist der Mondstand in den Zwillingen prinzipiell vorteilhaft. Machen Sie es aber von Ihrer Stimmung abhängig, wie Sie heute verfahren!

18
Sonntag

10.00

Eidgenössischer Bettag

Elementegruppe: ***Wasser***
Besondere Nahrungsverträglichkeit: ***Kohlenhydrate***
Beeinflusster Pflanzenteil: ***Blatt***
Dominierte Körperregionen: ***Magen, Lunge, Galle, Leber***

Krebsmond, Magen und Nerven

- Beherzigen Sie vor allem bei diesem Mondstand: Es ist schonender für den Magen, mehrere kleine Mahlzeiten anstatt einer großen zu sich zu nehmen.
- Essen Sie jetzt beispielsweise Johannis- und Brombeeren. Die sind gut für die Nerven und schützen auch die Magenschleimhaut.

19
Montag

Krebsmond und Gefühle

- Hüten Sie sich jetzt davor, Entscheidungen aus dem Bauch heraus zu treffen. Das könnte vor allem bei Geldangelegenheiten schiefgehen!
- An Krebstagen empfindet man besonders intensiv: Da sind Glücksgefühle noch mal so stark, und Liebeskummer ist oft nicht auszuhalten.

Tipp Bei dieser Mondkonstellation bekommen Sie auch Harzflecken leichter aus dem Teppich: Mit Butter einreiben, anschließend mit Wasser und Seife nachwischen!

20
Dienstag

22.39

Weltkindertag

Krebsmond, Job und Freizeit

- Bei Mond im Krebs (sowie an Waage- und Wassermanntagen) sind besonders jene Tätigkeiten begünstigt, die viel Fingerspitzengefühl erfordern.
- Wenn Sie jetzt einmal darüber nachdenken, wie Sie den Kontakt zu gewissen Kollegen verbessern können, haben Sie ein paar gute Einfälle.
- Am Abend eines Krebstages sollte man nach Möglichkeit zur Ruhe kommen! Vor allem Lesen und Meditieren können jetzt beträchtlich zur Entspannung beitragen.

21
Mittwoch

Elementegruppe: **Feuer**
Besondere Nahrungsverträglichkeit: **Eiweiß**
Beeinflusster Pflanzenteil: **Frucht**
Dominierte Körperregionen, -funktionen: **Herz, Kreislauf, Blutdruck**

Für die Gesundheit

- Der Löwemond wirkt auf den Blutkreislauf. Und da der Mond abnimmt, sind heute und morgen noch ideale Termine für eine Blutreinigungskur.
- Unterstützen Sie an Löwetagen den Mondeinfluss auf das Herz. Essen Sie z. B. Äpfel, Papayas, Paprika oder Tomaten. Das kräftigt das Herz!

Charmeoffensive

Mit nur einem einzigen Lächeln kann es Ihnen heute gelingen, ein Herz zu erobern. An einem Feuertag entflammt nämlich schnell die Leidenschaft!!

Vorsicht! Schöne Versprechungen sind noch keine Garantie. Behalten Sie heute einen kühlen Kopf, wenn Sie gute Geschäfte machen wollen!

22
Donnerstag

Mondpause

Sie beginnt kurz nach 13 Uhr und dauert knapp 21 Stunden.
Schon bald macht sich heute ein typischer Mondpauseneffekt bemerkbar: Engagiertes Streben, alles für ein ideales Arbeitsklima zu tun, trägt Früchte. Alle Differenzen können ausgeräumt werden, und die Teamarbeit funktioniert wieder. Jetzige Korrekturen verlaufen also erfolgreich!

Besiegen, aber nicht vernichten

Der momentane Mondstand trägt dazu bei, dass Sie sich zwar gegen einen Konkurrenten durchsetzen, ihn aber sein Gesicht wahren lassen.

Günstige Gartenarbeit Nach der Ernte ist es empfehlenswert, einen sorgfältigen Auslichtungs- und Pflegeschnitt an den Obstbäumen und Beerensträuchern vorzunehmen. Und frisch geschnittene Steckhölzer zur Vermehrung des Beerenobstes lagert man bis zur Bewurzelung in Sand.

September

23
Freitag

09.55

Herbstanfang

Elementegruppe: **Erde**
Besondere Nahrungsverträglichkeit: **Salz**
Beeinflusster Pflanzenteil: **Wurzel**
Dominierte Körperfunktionen: **Stoffwechsel, Verdauung**

Für alle, die an diesem Jungfrautag ein leichtes sowie köstliches Rezept mit Gemüsen und Kräutern zur Stärkung des Darmtraktes ausprobieren wollen:
- **Möhren** bauen die Darmschleimhaut mit auf.
- **Zwiebeln** kräftigen die Darmschleimhaut.
- **Knoblauch** bekämpft Darmpilze, hilft bei Verstopfung sowie Blähungen.
- **Thymian** wirkt krampflösend.

Möhrengemüse mit Kalbsschnitzel

Zutaten für 1 Person

1 große Möhre (200 g)
1 kleine Zwiebel
1 Knoblauchzehe
2 TL Olivenöl
¼ TL getrockneter Thymian
Salz, Pfeffer
1 Kalbsschnitzel (125 g)
1 TL mittelscharfer Senf
Fleischbrühe aus Würfel oder Pulver

Zubereitungszeit: 30 Minuten

1. Möhre, Zwiebel und Knoblauch schälen. Die Möhre waschen und in feine Scheiben schneiden. Die Zwiebel würfeln und den Knoblauch durch die Knoblauchpresse drücken.

2. 1 Teelöffel Olivenöl erhitzen, Zwiebel und Knoblauch hinzufügen, andünsten. Dann die Möhren mit dem Thymian dazugeben und 10 Minuten schmoren. Salzen und pfeffern.

3. Das Schnitzel waschen und abtrocknen. Mit dem Senf einreiben.

4. Das restliche Öl erhitzen. Das Schnitzel darin von beiden Seiten je 4 bis 5 Minuten braten, salzen und pfeffern. Herausnehmen. Den Fond mit etwas Brühe ablöschen. Das Schnitzel mit der Sauce und dem Möhrengemüse anrichten.

Dazu passt: Vollkornreis.

24 Samstag

Elementegruppe: Erde
Besondere Nahrungsverträglichkeit: Salz
Beeinflusster Pflanzenteil: Wurzel
Dominierte Körperfunktionen: Stoffwechsel, Verdauung

Haben Sie auch heute noch viel **Berufliches** zu erledigen? Wichtig ist, dass Sie dabei immer wieder kleine Pausen machen. Denn selbst in solch einer kraftzehrenden Situation neigt man an Jungfrautagen dazu, sich noch um jedes Detail zu kümmern. Und mit etwas Abstand zwischendurch wird man von der Stresslawine nicht völlig mitgerissen.

Noch gibt's im Garten was zu tun

- Bei dieser Mondkonstellation können Sie die freien Beete nun gut kompostieren bzw. mulchen. Die Erde aber keinesfalls zu sehr lockern oder gar umgraben!
- Der jetzige Jungfraumond begünstigt ebenso das Umsetzen von Pflanzen. Zudem kann man immer noch Knoblauch stecken.

25 Sonntag

23.56

18.44

Wenn Sie nun einen **Fasttag** einlegen, wird das nicht nur zur Entschlackung beitragen, sondern auch einen Beitrag zu Ihrer mentalen Reinigung leisten.

Möchten Sie durch ein paar geänderte Farben und Formen neue Frische in Ihre Räume bringen? Entscheiden Sie's jetzt. In dieser Mondphase hat man oft sehr gute **Ideen**!

Da Neumond ist, sollten Sie alle kranken Pflanzen zurückschneiden. Lassen Sie ansonsten den Garten in dieser **Umbruchphase** aber eher ruhen.

Verkriechen Sie sich nach Möglichkeit in Ihrem ganz persönlichen **Reich**! Falls Sie aber auch einige Zeit mit anderen verbringen, sollten Sie nicht immer sagen, was Sie gerade denken.

September

Elementegruppe: Luft
Besondere Nahrungsverträglichkeit: Fett
Beeinflusster Pflanzenteil: Blüte
Dominierte Körperregionen: Hüfte, Nieren, Blase

Muntermacher
Ob bereits am Morgen oder erst abends – falls Sie sich so kurz nach Neumond körperlich schwach und geistig träge fühlen, sollten Sie ein Bad mit Eukalyptus- oder Rosmarinöl nehmen. 15 bis 20 Tropfen davon werden in 1 bis 2 EL Milch bzw. Sahne verrührt und dem Badewasser zugegeben. Das regt wunderbar an!

Etwas für den Körper tun
- Es ist nicht immer Sport nötig, um dem Körper genügend Bewegung zu verschaffen. Nehmen Sie für kleinere Strecken nicht das Auto – laufen Sie!
- Schützen Sie sich an den Waage- und Skorpiontagen vor Unterkühlung. Und trinken Sie so viel Kräutertee, Saft oder Mineralwasser wie möglich.

Kontakte
- Bei diesem Mondstand ist man erfahrungsgemäß verstärkt dazu bereit, seine alten Freundschaften zu festigen, aber auch ganz neue anzuknüpfen.
- Die Harmonie im Umgang mit anderen ist Ihnen jetzt sehr wichtig. Daher sind Sie unter Umständen auch bereit, von verfestigten Standpunkten abzurücken – wenn es die Sache wert ist.

Zeit fürs Gärtnern
Wie sieht es mit der Blumenpracht in Ihrem Garten aus? Bei dieser Mondkonstellation können Sie z. B. Rosen und Lilien pflanzen bzw. umpflanzen.

Ausruhen
Wofür hegen Sie am meisten Leidenschaft? Musik, bildende Kunst, Literatur? Sie sollten ihr an diesem Waagetag einen Großteil Ihrer freien Zeit widmen. Das wird Sie ungemein bereichern!

28 Mittwoch

01.16

Elementegruppe: **Wasser**
Besondere Nahrungsverträglichkeit: **Kohlenhydrate**
Beeinflusster Pflanzenteil: **Blatt**
Dominierte Körperregionen: **Sexualorgane, Harnleiter**

! Heute kommt es darauf an, Nägel mit Köpfen zu machen. Verschwenden Sie deshalb weder Zeit noch Energie mit Nebensächlichkeiten, und lassen Sie sich auch mal was von den anderen sagen.

Sexualität
Der Skorpionmond beflügelt das Liebesleben, er kann es aber auch beeinträchtigen. Es liegt natürlich auch an Ihnen, ob Sie nun eher sinnlich oder streitsüchtig sind!

Sinnlichkeit ist die Eintrittskarte
in den Garten der Gefühle.
Ernst Ferstl

29 Donnerstag

Was helfen kann
Leiden Sie unter Blasenschwäche? Besonders bewährt hat sich da ein Heublumen-Sitzbad, das die Durchblutung der Blasenmuskulatur fördert.

Der Garten ruft
- Ob Sie im Garten eine richtige Blumenwiese oder üppigen Rasen haben – es ist bei dieser Mondkonstellation sehr günstig, alles wieder einmal ordentlich zu mähen!
- Und kümmern Sie sich auch um den Gartenteich. Unter Umständen müssen Sie ihn ja reinigen, oder es gibt vielleicht etwas zu reparieren.

Nähe
Vor allem während der Abendstunden von 20.59 bis 22.59 Uhr (Mond-Merkur-Sextil) können Sie im Umgang mit dem Partner total viel gegenseitige Anziehung erleben. Das erfüllt Sie mit Harmonie wie schon lange nicht mehr.

30
Freitag

06.05

Elementegruppe: Feuer
Besondere Nahrungsverträglichkeit: Eiweiß
Beeinflusster Pflanzenteil: Frucht
Dominierte Körperregionen: Oberschenkel, Venen

Auf seine Schritte achten!
An Schützetagen bei zunehmendem Mond ist es ratsam, seine Beine etwas zu schonen. Das hilft, lästigem Muskelkater und vor allem Venenleiden vorzubeugen.

Die bessere Strategie
Beim heutigen Mondstand haben Sie gute Chancen, endlich mit einem Kontrahenten Frieden zu schließen. Das kann geschäftlich viel bringen.

Frieden kannst du nur haben, wenn du ihn gibst.
Marie von Ebner-Eschenbach

1
Samstag

Teure Gesundheit
- Falls Sie eine Eiweißallergie haben, sollten Sie nun mit Ihrer Ernährung sehr vorsichtig sein. An Feuertagen sind Sie dann nämlich noch wesentlich sensibler!
- Da der Mond zunimmt, sind nun Nagelkorrekturen, sämtliche Maßnahmen zur Stärkung des Bewegungsapparats und ernährende Hautpflege ziemlich günstig.

Nützen Sie diesen Feuertag, um an Ihren Obstbäumen **Leimringe** gegen den schädlichen Frostspanner anzubringen. Und schaffen Sie schon mal **Schlupfwinkel** (z. B. Laubhaufen), in denen Nützlinge überwintern können.

Der jetzige Mondstand ist für intensive **Gespräche** wie geschaffen. Es fällt nämlich z. B. viel leichter, auch über unangenehme Themen zu reden. Ob Sie sich mit dem Partner aussöhnen oder Gedanken über die gemeinsame **Zukunft** machen wollen – der Mond im Schützen unterstützt Sie dabei.

Oktober

2
Sonntag

09.39

Erntedankfest

Elementegruppe: Erde
Besondere Nahrungsverträglichkeit: Salz
Beeinflusster Pflanzenteil: Wurzel
Dominierte Körperregionen: Knie, Haut, Knochen

Kürbis und noch mehr

Bei diesem Mondstand sowie den kommenden Wassermann-, Widder-, Stiertagen ist es günstig, die letzten Kürbisse zu ernten und einzulagern. Außerdem ist es nun günstig, Lauch, Schwarzwurzeln und Pastinaken zu ernten. Meerrettich kann aber auch noch länger im Beet bleiben.

3
Montag

02.15

Tag der Deutschen Einheit

Immer am Ball

Geduld und Disziplin sind an Steinbocktagen Ihre besonderen Stärken. Darum machen Sie sich durchaus auch mal an einem Feiertag genug Gedanken über Berufliches – neue Perspektiven, Strategien ...

Dramatisches oder Komisches

Bei Mond im Steinbock kann man eine interessante Theateraufführung ganz besonders genießen! Vielleicht haben Sie heute ja Lust?

4
Dienstag

12.22

Welttierschutztag

Erfrischung für die Haut

Gegen trockene Gesichtshaut hilft besonders bei zunehmendem Steinbockmond eine Karottenmaske – aus etwas Karottensaft, einem halben Eigelb und zwei Tropfen Öl angerührt.

Kassensturz

Zwischendurch ist es sehr nützlich, die Haushaltsausgaben zu kontrollieren, um notfalls etwas zu ändern. Tun Sie's bei dieser Mondkonstellation!

Oktober

5
Mittwoch

Elementegruppe: **Luft**
Besondere Nahrungsverträglichkeit: **Fett**
Beeinflusster Pflanzenteil: **Blüte**
Dominierte Körperregionen: **Unterschenkel, Venen**

An Wassermanntagen – vor allem bei zunehmendem Mond – ist es vorteilhaft, Zinnkrauttee zu trinken. Das hemmt die Bildung roter **Beinäderchen**.

Bei diesem Mondstand verfügen Sie über genug Ruhe, Konzentration und **Kreativität**. So fällt es Ihnen leicht, über ein neues Projekt nachzudenken.

Für alle, die im Moment bauen oder renovieren: Die jetzige Mondkonstellation begünstigt das **Verglasen** und Einsetzen von Fenstern.

Ein **Herz** zu erobern ist die eine, es weiter für sich schlagen zu lassen die andere Seite derselben Medaille. Der Wassermannmond kann jedenfalls bei beidem helfen.

6
Donnerstag

14.48

Mondpause
Sie setzt um 0.47 Uhr ein und dauert ziemlich genau 14 Stunden.
Ihre Chancen bei Verhandlungen sind heute sehr gut. Dennoch müssen Sie genau kalkulieren, wie weit Sie gehen können, ohne etwas zu gefährden.

Gartenarbeit
- Aufgrund der momentanen Mondkonstellation ist das Jäten von Unkraut ziemlich günstig. Auch bei Ihnen gibt es sicher noch einiges zu entfernen.
- Jetzt können Sie schon Kaltkeimer in Schalen aussäen, die Sie dann ins Freie stellen: z. B. Arnika, Christrose, Eisenhut, Primel oder Scheinmohn.
- Nützen Sie den zunehmenden Mond im Tierkreiszeichen Wassermann, um noch ein paar robuste sommergrüne Ziergehölze zu pflanzen.

Tipp Auch unter der Woche sollte man sich mal etwas Besonderes gönnen: Bei diesem Mondstand ist z. B. ein festliches Essen zu zweit ein Erlebnis!

7
Freitag

Elementegruppe: **Wasser**
Besondere Nahrungsverträglichkeit: **Kohlenhydrate**
Beeinflusster Pflanzenteil: **Blatt**
Dominierte Körperregionen: **Füße, Zehen**

Wissen, was und wie

- Der Mond in den Fischen trägt zu mehr Klarheit bei. Sie sehen jetzt genau, was Sie in Ihrer Partnerschaft stört und Sie grundlegend ändern wollen.
- Sie haben einen eher schwierigen Kollegen? Heute fällt Ihnen sicher etwas Überzeugendes ein, wie Sie endlich für eine Annäherung sorgen können.
- Selbst wenn Sie tagsüber noch unentschlossen sind – abends wissen Sie genau, wobei Sie sich am besten erholen. Auf die innere Stimme hören!

Dem Unbewussten auf der Spur

Träumen Sie zurzeit sehr viel? An Wassertagen etwas mehr darauf zu achten bzw. sich zu erinnern zu versuchen kann wichtige Erkenntnisse bezüglich des Seelenlebens bringen!

8
Samstag

17.58

! Leiten Sie Ihre heutige innere Unruhe in die richtige Bahn und lassen Sie an manchem, das Sie zurzeit machen, Zweifel zu. Das wird Ihnen nicht nur einige sehr interessante Erkenntnisse vermitteln, sondern sicher auch Ihre Kreativität steigern.

Gartenarbeit

Die Mondkonstellation heute ist gut geeignet, um ein letztes Mal in diesem Jahr den Rasen zu mähen. Gönnen Sie ihm dann seine Winterruhe.

Kraftgewinn

Gehen Sie ins Hallenbad ein paar Runden schwimmen. Das ist in dieser Mondphase ein sehr gutes Aufbautraining für die ganze Muskulatur.

Lebensfreude

Kochen ist Ihre Leidenschaft? Dann nehmen Sie sich an diesem Fischetag doch mal genügend Zeit dafür. Und fürs Genießen danach noch mehr Zeit!

Oktober

9 Sonntag

22.56

Elementegruppe: **Feuer**
Besondere Nahrungsverträglichkeit: **Eiweiß**
Beeinflusster Pflanzenteil: **Frucht**
Dominierte Körperregionen: **Kopf, Gesicht**

Einige Ihrer Zimmerpflanzen brauchen dringend Nährstoffe? **Düngen** Sie in dieser und der nächsten Mondphase noch die letzten Male vor dem Winter. Rechen Sie nun einmal das Laub im Garten zusammen, und verwenden Sie es gleich zum **Mulchen** der leeren Beete oder der Baumscheiben.

Tee-Empfehlungen

- Jeder, der dafür anfällig ist, kann bei dieser Mondkonstellation leicht Kopfschmerzen bekommen. Falls Sie betroffen sind, sollten Sie dagegen viel Melissentee trinken.
- In dieser Mondphase treten zudem häufig Schlafstörungen auf. Wenn Sie deshalb also auf Nummer sicher gehen wollen, können Sie z. B. mit Hopfentee sehr gut vorbeugen!

10 Montag

23.05

Job und Freizeit

- An guten Ideen mangelt es Ihnen jetzt nicht, an Flexibilität schon eher. Aber gerade heute ist es besonders wichtig, welchen Eindruck Sie letztlich hinterlassen!
- Widdertage machen Lust auf Bewegung: bei Tanz, Sport oder zumindest einem Spaziergang. Zum Ausruhen ist man jetzt in aller Regel viel zu agil.
- Gegen einen kleinen Flirt ist heute nichts einzuwenden. Belassen Sie es aber dabei. Sollten Sie mehr wollen, der andere aber nicht, kann das jetzt schnell zu großem Ärger führen!

Ein jeder versucht eben auf seine Weise,
in der Welt vorwärtszukommen.
Voltaire

11 Dienstag

Elementegruppe: Erde
Besondere Nahrungsverträglichkeit: Salz
Beeinflusster Pflanzenteil: Wurzel
Dominierte Körperregionen: Kiefer, Hals, Nacken

Rissige Lippen?
Vor allem in der kälteren Jahreszeit und da besonders an Stiertagen sind rissige Lippen keine Seltenheit. Ein guter Balsam kann helfen!
Stellen Sie Ihren **Lippenbalsam** selbst her: je 3 Tropfen der Aromaöle von Vetiver, Bitterorange und Patschuli plus 1 Tropfen Neroli plus 30 ml Mandelöl vermischen. Und schon kann er zum Einsatz kommen!

Mondphase und -stand sind nun sehr günstig, um für eine Ernte im nächsten Jahr Möhren, Radieschen und Rettich unter Glas auszusäen.

Und **der abnehmende Mond** begünstigt generell Arbeiten, für die man viel Körperkraft benötigt. Vor allem in der Zeit zwischen 14 und 19 Uhr!

12 Mittwoch

Vom richtigen Zeitpunkt
An Erdtagen verhält man sich in aller Regel sehr gefasst. Aber wenn Sie jetzt die Sturheit eines Kollegen schier zur Weißglut treibt, sollten Sie sich nicht gerade heute zur Wehr setzen. Dafür gibt es bessere Tage, an denen Sie mehr erreichen würden. An Löwetagen verhandelt man meist souveräner und an Schütze- oder Steinbocktagen kompromissbereiter.

Unsere kleinen Freunde
Sind Sie Halter eines Haustiers? Bei abnehmendem Mond im Stier ist eine Klauen- und Krallenpflege erfahrungsgemäß besonders günstig.

Sparfuchs Wollen Sie gegen Abend bummeln gehen? Das ist bei diesem Mondstand durchaus empfehlenswert, weil man jetzt nicht geneigt ist, völlig unnötig Geld auszugeben.

Elementegruppe: Luft
Besondere Nahrungsverträglichkeit: Fett
Beeinflusster Pflanzenteil: Blüte
Dominierte Körperregionen: Schultern, Arme, Hände

Körper und Seele

- Herbstzeit ist Hustenzeit, und an Zwillingetagen ist man sehr anfällig. Fenchel, Radieschen und Sellerie sind besonders schleimlösende Gemüse.
- Würden Sie gern jemanden kennenlernen? Bei diesem Mondstand fällt es einem leicht, neue Bekanntschaften zu schließen. Nur Mut!

Das Wichtigste in Haus und Garten

- Sie wollen an Dach oder Regenrinnen Reinigungs- bzw. Ausbesserungsarbeiten vornehmen? Der Nachmittag ist dafür optimal geeignet.
- Die momentane Mondkonstellation macht es möglich: Sie können bei Bedarf noch Zwiebeln von Frühlingsblühern legen.
- Es ist nicht zu früh, Ihre Obstbäume mit einem gegen Frostrisse schützenden Stammanstrich zu versehen. Zudem passen Mondphase und -stand.

Mondpause

Sie beginnt um 6.12 Uhr und dauert genau einen halben Tag lang.
Haben Sie sich für heute viel vorgenommen? Die günstige Aspektierung (Konjunktion) von Zwillingemond und Mars erleichtert gleich zu Beginn dieser Pause spürbar den Start in einen ereignisreichen Tag! Und scheuen Sie im Verlauf des Tages nicht immer wieder mal die Mühe, Ihre Arbeit auf Flüchtigkeitsfehler durchzusehen. Sie könnten fündig werden!

13 Donnerstag

07.09

14 Freitag

15 Samstag

18.12

16
Sonntag

Kirchweihfest

Elementegruppe: ***Wasser***
Besondere Nahrungsverträglichkeit: ***Kohlenhydrate***
Beeinflusster Pflanzenteil: ***Blatt***
Dominierte Körperregionen: ***Magen, Lunge, Galle, Leber***

Umso bekömmlicher

Bei diesem Mondstand sollte man die richtigen Gewürze wählen: Kümmel schützt z. B. den Magen, und Senf fördert die Verdauung.

Stecklinge und Schnittlauch

- Für die Vermehrung durch Stecklinge sind im Herbst die perfekten Termine bei abnehmendem und zugleich absteigendem Mond, also z. B. jetzt.
- Bei Bedarf können Sie nun Schnittlauch ausgraben und zum Verbrauch während des Winters eintopfen.

Tipp Obwohl Krebstage für die Pflege von Kontakten grundsätzlich gut geeignet sind, sollten Sie sich heute besser zurückziehen und in sich gehen.

17
Montag

19.16

Vielseitiges Engagement

- Wenn der abnehmende Mond im Krebs steht, besitzt man die nötige Geduld und Konzentration, um die etwas schwierigeren Arbeiten zu meistern.
- Die durch den Mondstand erhöhte Bereitschaft, sich mit jemandem zu beschäftigen, der meistens nur von allen geschnitten wird, gibt ihm ein großes Stück Zuversicht zurück.

Tipp Der Versuch, an Wänden Feuchtigkeit zu entfernen, wird an diesem Krebstag kaum Erfolg erzielen.

Spontaneität Wenn Sie in der Zeit zwischen 17.05 und 19.05 Uhr (Mond-Neptun-Trigon) eine Entscheidung aus dem Bauch heraus treffen, liegen Sie damit richtig. Dann findet auch das Grübeln der letzten Tage ein Ende, und Sie haben endlich wieder Ihre Ruhe!

18
Dienstag

06.46

Elementegruppe: **Feuer**
Besondere Nahrungsverträglichkeit: **Eiweiß**
Beeinflusster Pflanzenteil: **Frucht**
Dominierte Körperregionen, -funktionen: **Herz, Kreislauf, Blutdruck**

Noch einiges zu tun im Garten

- Zeitpunkt, Mondphase und -stand sind gut geeignet, um schon einmal mit dem Winterschnitt an den Kernobstbäumen zu beginnen.
- Da der Mond im Moment sowohl abnimmt als auch absteigt, ist es günstig, Gründüngung zu säen bzw. in den Boden einzuarbeiten.

19
Mittwoch

Für alle, die sich nun einem **Haarschnitt** unterziehen: Der abnehmende Löwemond bedingt, dass die Haare langsamer und dichter nachwachsen.

Sie müssen heute mit Kollegen ein Projekt besprechen? Wahre **Kreativität** beweisen? So oder so – der Mond im Löwen wird Sie antreiben!

Wilde Leidenschaft, aber auch viele zärtliche Momente bestimmen heute Ihre Beziehung. Sie empfinden ein starkes **Zusammengehörigkeitsgefühl**!

20
Donnerstag

18.27

Berufliches Hoch

In der Zeit von 12.36 bis 14.36 Uhr sorgt ein Mond-Sonne-Sextil für viel Auftrieb: Jetzt können Sie deutlich spüren, wie in Ihnen neue Energie aufkeimt. Sie sehen optimistisch nach vorn, und alles, was Sie sich vorgenommen haben, scheint Ihnen erreichbar zu sein.
Bei diesem Mondstand verfügen Sie nämlich generell über sehr viel Selbstvertrauen. Daher sollten Sie sich jetzt z. B. auch zu einem schwierigen Anruf durchringen, der Ihnen letztlich viel Positives bringen kann.

21 Freitag

Elementegruppe: Erde
Besondere Nahrungsverträglichkeit: Salz
Beeinflusster Pflanzenteil: Wurzel
Dominierte Körperfunktionen: Stoffwechsel, Verdauung

Unter dem Jungfraumond

- Im Falle einer Erkältung nehmen Sie bei diesem Mondstand am besten ein heilendes Eukalyptusbad und trinken viel heißen Holundersaft!
- Manchmal tut es nicht nur gut, sondern richtig not, sich äußerlich zu verändern. Wie wäre es mit einer neuen Frisur oder sogar einer Dauerwelle?
- Ärgern Sie sich nicht, vor allem bei Jungfraumond! Das beeinträchtigt nur Ihre gesunde Verdauung und löst leider kein Problem. Und wer eh öfter an Verdauungsbeschwerden leidet, sollte während dieser Jungfrautage zudem auf fette und ebenso auf überwürzte Speisen verzichten.
- Der heutige Tag ist in erster Linie für Behördengänge, Geldanlagen und die Erledigung von Geschäftskorrespondenz zu empfehlen.

22 Samstag

Im Haushalt

- Fußbodenbeläge, die man bei dieser Mondkonstellation verlegt, werden fest auf dem Untergrund liegen und sich nicht wölben.
- Bei abnehmendem Mond in einem Erdzeichen (Stier, Jungfrau, Steinbock) ist beispielsweise das Staubwischen oder Schuheputzen günstig.

Im Garten

- Wenn Sie Pflanzen mulchen wollen, die Kalk meiden, sollten Sie es einmal mit Rindenmulch versuchen. Das hat sich im Allgemeinen gut bewährt!
- Empfindliche Stauden müssen Sie jetzt unbedingt mit einem Frostschutz versehen. Zudem ist momentan das Auslichten von Hecken begünstigt.

In der Freizeit

Sie gehen bei diesem Mondstand in Dingen Freizeitgestaltung jeglichem Stresspotenzial aus dem Weg. Das schont beträchtlich Ihre Nerven.

23
Sonntag

03.25

Elementegruppe: **Luft**
Besondere Nahrungsverträglichkeit: **Fett**
Beeinflusster Pflanzenteil: **Blüte**
Dominierte Körperregionen: **Hüfte, Nieren, Blase**

Vorsicht!
Ziehen Sie sich unbedingt warm genug an. An Waagetagen in der feuchtkalten Jahreszeit ist das Risiko einer Blasenentzündung noch höher!

Sein Bestes geben
Man hat nicht nur berufliche Pflichten, sondern ebenso private. So widmen Sie Ihre heutige Zeit Partner, Familie oder Freunden. Sie sind nämlich der Auffassung, dass die eben auch ihre Rechte haben.

Fordert man sich nicht unablässig selber heraus, verdorrt man.
Lido Anthony »Lee« Iacocca

24
Montag

Für die Gesundheit
Ist bei Ihnen wieder mal eine Routineuntersuchung oder -behandlung durch den Zahnarzt fällig? Dieser Lufttag ist dafür wirklich günstig.

Warmherzigkeit
Wenn an diesem Waagetag jemand Ihre Hilfe, Ihren Rat oder einfach Ihre Gesellschaft möchte, sind Sie verfügbar. Ihre kommunikative Art weiß nun jeder zu schätzen!

Auch an die kleinen Freunde denken
Haben Sie Haustiere? Die jetzige Mondkonstellation ist nämlich optimal, um z. B. das Aquarium, den Käfig oder das Katzenklo zu reinigen.

Tipp Heute noch kein Freizeitprogramm? Der Waagemond begünstigt alle kreativen Beschäftigungen sowie einen Konzert- oder auch Opernbesuch.

25 Dienstag

12.50

09.20

Elementegruppe: **Wasser**
Besondere Nahrungsverträglichkeit: **Kohlenhydrate**
Beeinflusster Pflanzenteil: **Blatt**
Dominierte Körperregionen: **Sexualorgane, Harnleiter**

Schreibblockade?
Sie sollen einen Text schreiben, dessen Thema Ihnen einfach nicht liegt? Bleiben Sie zuversichtlich, bei der heutigen Mondkonstellation kann das jetzt plötzlich klappen!
Tipp Müssen Sie Pflanzen zurückschneiden oder Laub zusammenrechen? Das begünstigt der Neumond. Ansonsten den Garten besser ruhen lassen!

Vor dem Schlafengehen
Wenn Sie sich vor der Nachtruhe immer noch erschlagen, aber zugleich auch ziemlich gereizt fühlen, nehmen Sie am besten ein Beruhigungsbad mit Lavendelextrakten.

26 Mittwoch

Nationalfeiertag Österreichs

Mit der Hilfe des Mondes
Haben Sie an einer Wasserleitung im Haus oder an Ihrem Teich im Garten etwas zu reparieren? Dann nützen Sie doch diesen Skorpiontag dafür. Sie werden mit dem Ergebnis zufrieden sein.

Freizeit so ...
Machen Sie am Abend noch einen Schaufensterbummel und lassen Sie sich von all den verführerischen Reizen auf andere Gedanken bringen.

... oder so
Wassertage sind die besten Termine für alle Arten von Meditation. Wenn man sich dabei vor allem sammeln möchte, ist die Phase des zunehmenden Mondes besonders gut geeignet.

27
Donnerstag

12.56

Elementegruppe: Wasser
Besondere Nahrungsverträglichkeit: Kohlenhydrate
Beeinflusster Pflanzenteil: Blatt
Dominierte Körperregionen: Sexualorgane, Harnleiter

Gerechtigkeit

Zwischen 13.02 und 15.02 Uhr kann sich unter dem Einfluss eines Mond-Jupiter-Trigons endlich ein Missverständnis aufklären, das Sie schon seit langem bedrückt. Das würde auch Ihr Menschenbild korrigieren, falls das in letzter Zeit gelitten hat.

Menstruationsbeschwerden

Besonders vor, an und nach Skorpiontagen kann dieses Frauenleiden noch schmerzhafter sein als sonst. Aber auch diese Tees zur Linderung wirken dann umso intensiver.

Hirtentäschel wirkt sehr blutstillend.
Schafgarbe entkrampft.
Ringelblume stabilisiert den Kreislauf, verringert die Blutungen.
Tee aus einem dieser Kräuter lindert sehr starke Regelblutungen: 2 TL mit ¼ l siedendem Wasser übergießen, 10 Minuten ziehen lassen und abseihen. Dieser Tee wird dann optimalerweise bereits 1 bis 2 Tage vor dem Beginn der Menstruation 2-mal täglich getrunken – aber bei Bedarf auch während der Regel.

Eine gute Wahl

Heute lassen Sie nichts Ihren Beziehungsfrieden stören. Denn Sie wissen beide: Streiten kann man schnell, aber sich zu versöhnen dauert oft lange!

Erholung pur

Hören Sie die Musik, die Sie sich ganz neu zugelegt haben. Dann tragen Sie schon das Wichtigste zu einem gelungenen Abend der Muße bei!

Frieden beginnt in uns.
Dalai Lama

28
Freitag

Elementegruppe: **Feuer**
Besondere Nahrungsverträglichkeit: **Eiweiß**
Beeinflusster Pflanzenteil: **Frucht**
Dominierte Körperregionen: **Oberschenkel, Venen**

Was man für den Körper tun kann

- Gymnastische Übungen für die Stärkung des Bewegungsapparates, Nagelkorrekturen und sämtliche Maßnahmen zur Hauternährung sind gerade besonders günstig.
- Wenn Sie bei dieser Mondkonstellation keinen Muskelkater bekommen wollen, sollten Sie besser spazieren gehen als exzessiv Sport treiben.

Tipp Geduld! Überstürzen Sie nichts, wenn es Ihnen heute bei Verhandlungen nicht schnell genug geht. Nur so kommen Sie Ihrem Ziel näher.

Jede Bewegung verläuft in der Zeit und hat ein Ziel.
Aristoteles

29
Samstag

15.23

! Gibt es zwischen jemandem und Ihnen ein Missverständnis? Heute ist ein guter Termin, um sich auszusprechen. Also nichts nachtragen, sondern alles gleich wieder zurechtrücken!

Klare Orientierung

An diesem Schützetag lassen Sie sich nicht von irgendwelchen Stimmungen tragen, sondern denken an Ihr Ziel, den Termin einzuhalten.

Frostrisse, Mispeln und Schlehen

- Haben Sie die Rinde der Bäume schon durch einen Weißanstrich gegen eventuelle Frostrisse geschützt? Die Mondkonstellation ist dafür besonders empfehlenswert.
- Es ist nun aber auch günstig, Mispeln und Schlehen zu ernten, die vor den ersten Frösten bekanntlich ja ungenießbar sind.

30
Sonntag

Ende der Sommerzeit

Elementegruppe: Erde
Besondere Nahrungsverträglichkeit: Salz
Beeinflusster Pflanzenteil: Wurzel
Dominierte Körperregionen: Knie, Haut, Knochen

Haut, Gemüt, Gelenke

- Der momentane Mondstand ist optimal, um für eine besonders intensive Hauternährung zu sorgen. Zudem trägt eine Gesichtsmaske wunderbar zu einer Ganzkörpererholung bei.
- Falls Ihre Stimmung nicht die beste ist: Gute Mittel gegen Melancholie sind z. B. die Duftöle aus Sandelholz, Weihrauch und Grapefruit.
- Leiden Sie an Gelenkbeschwerden? Ein Bad mit Arnika und Beinwell als Zusatz kann Ihnen schnell sehr angenehme Linderung verschaffen!

Zu beachten

Es spricht heute nichts dagegen, Menschen, denen man vertraut, mit genug Offenheit zu begegnen, zu anderen aber einen gewissen Abstand zu halten.

31
Montag

16.44

Reformationsfest Halloween

Kräutersalben, Wurzelgemüse, Haushaltsgeld

- Bei aufsteigendem Mond, wozu auch die Steinbocktage gehören, ist die Herstellung von Kräutersalben für die Schönheitspflege günstig.
- Wenn Sie Wurzelgemüse haben, das Sie zurzeit nicht verwerten können, nützen Sie am besten diesen Mondstand, um es einzukochen.
- Denken Sie, dass es mit dem Haushaltsgeld nicht so richtig klappt? Die jetzige Mondkonstellation hilft dabei, einen passenden Sparkurs zu finden und dann möglichst umgehend einzuschlagen!

Wissen, was zu tun ist

- Sie überlegen sich nun jedes Wort sehr genau, mit dem Sie Ihre Zuneigung für den Partner ausdrücken. Und der weiß Ihr Bemühen zu schätzen.
- Das Wichtigste im Moment ist, seine Balance zu wahren bzw. wiederzufinden. Darum sind in der heutigen Freizeit keine aufwendigen Aktionen, sondern möglichst viel Ruhe angesagt!

1 **Dienstag**

07.38

Allerheiligen

Elementegruppe: **Luft**
Besondere Nahrungsverträglichkeit: **Fett**
Beeinflusster Pflanzenteil: **Blüte**
Dominierte Körperregionen: **Unterschenkel, Venen**

! Sie haben es heute ganz allein in der Hand, ob Ihre egoistische oder Ihre freundschaftliche Seite die Oberhand gewinnt. Versuchen Sie also, alle bösen Geister zu vertreiben! Das wird mit Sicherheit letztlich auch in Ihrem eigenen Interesse sein.

Tipp Mit der Planung eines Projekts kommen Sie nun gut voran, wenn Sie Ihre Ideen umsetzen, aber auch andere Vorschläge mit einfließen lassen!

Sich um Offenheit bemühen
Selbst wenn gewisse Auffassungsunterschiede unüberbrückbar scheinen – verhalten Sie sich dem Partner gegenüber trotzdem verhandlungsbereit! Sonst hängt der Haussegen sehr schnell schief.

2 **Mittwoch**

19.48

Allerseelen

Tipp Sie sollten heute das Obstlager lüften und die Winterschutzvorrichtungen kontrollieren!

Dieser Lufttag begünstigt beispielsweise das **Tönen oder Färben** der Haare sowie die Korrektur von eingewachsenen Nägeln.

Im November ist der Garten leider noch nicht unkrautfrei. Nützen Sie die momentane Mondkonstellation für ein besonders sorgfältiges **Jäten**.

Gibt es jemanden, der sich über Sie sehr ärgern musste? Machen Sie es an diesem Wassermanntag wieder gut und laden Sie ihn zu einem opulenten **Abendessen** ein.

Der Mensch braucht nicht alles zu billigen;
verzeihen muss er können.
Thomas Niederreuther

November

3 Donnerstag

Elementegruppe: **Wasser**
Besondere Nahrungsverträglichkeit: **Kohlenhydrate**
Beeinflusster Pflanzenteil: **Blatt**
Dominierte Körperregionen: **Füße, Zehen**

Tipp Diese Mondkonstellation ist günstig für das Eintopfen von Petersilie. Dann haben Sie im Winter immer etwas Frisches für die Kräuterküche!

Zwar ... aber

Was bringt dieser Fischetag beruflich? Die Korrespondenz erledigen fällt momentan eher schwer. Aber nach Ideen für ein neues Projekt zu suchen gelingt umso leichter.

Nähe

Von 20.44 bis 22.44 Uhr (Mond-Venus-Trigon) können Sie wieder viel von dem gutmachen, was Sie in letzter Zeit Ihrem Partner versprochen hatten, aber leider nicht erfüllen konnten.

4 Freitag

Genuss hausgemacht

Lust auf was Feines aus der eigenen Küche? Bei Fischemond hat man meist ein sicheres Händchen fürs Kochen, so dass einem alles gut gelingt. Neben Blattgemüse wie Mangold sind jetzt vor allem Austernpilze, Algen, Champignons, Süßwasser- und Meerfisch empfehlenswert.

Einsatz zeigen

Sie sind heute hoch engagiert und haben in schwierigen Momenten auch immer die richtigen Argumente. Dadurch können Sie sehr viel bewegen.

Intelligenz ist Potenzial, Leistung real.
Andreas Tenzer

Zur Ruhe kommen

Tragen Sie zu Ihrer seelischen Balance bei, indem Sie meditieren oder alternativ auf dem Sofa faulenzen und z. B. etwas lesen oder fernsehen.

5 Samstag

Elementegruppe: ***Feuer***
Besondere Nahrungsverträglichkeit: ***Eiweiß***
Beeinflusster Pflanzenteil: ***Frucht***
Dominierte Körperregionen: ***Kopf, Gesicht***

00.08

Tipp Beim heutigen Widdermond ist es sehr günstig, typisches Spätgemüse zu ernten: beispielsweise Grünkohl, Winterlauch oder Rosenkohl.

Liebesleben
Bei diesem Mondstand ist Eros meist sehr aktiv und fädelt viele Begegnungen ein. Alles Weitere müssen Sie dann übernehmen – und die Aussichten sind wirklich gut!

Intensive Begegnungen
Der Abend des heutigen Widdertages gehört Ihnen und Ihren Freunden. Sie brauchen den Austausch mit Menschen, denen Sie vertrauen und deren Kritik Sie auch ernst nehmen.

6 Sonntag

Widdermond und Befinden
Im Falle von Kopfschmerzen sollten Sie nicht gleich zu starken Medikamenten greifen. Nehmen Sie etwas Melissengeist ein, auch das kann helfen.

Für den süßen Zahn
Sie haben heute in der Küche einiges vor? Möchten Sie Marmelade kochen oder Kuchen backen? Falls ja – dafür ist dieser Mondtermin optimal!

Um Ausgleich bemüht sein
An Widdertagen neigt man zum Überschwang, kann man anderen gegenüber oft stur und entgegenkommend zugleich sein. Finden Sie die Mitte!

Auf Entdeckungsreise
Ein paar neue Eindrücke können den Geist auffrischen. Machen Sie heute doch einen kleinen Ausflug, wenn das Wetter angenehm genug ist.

November

7
Montag

06.16

Elementegruppe: **Erde**
Besondere Nahrungsverträglichkeit: **Salz**
Beeinflusster Pflanzenteil: **Wurzel**
Dominierte Körperregionen: **Kiefer, Hals, Nacken**

Halsschmerzen
November und Stiermond – da ist Halsweh wirklich keine Seltenheit. Im Falle eines Falles können Sie beispielsweise mit lauwarmem Blutwurztee gurgeln: 2 TL des Krauts mit ¼ l Wasser kochen, 10 Min. ziehen lassen und dann abseihen.

Schenken Sie den Abend dieses Stiertags Ihrer **Familie**. Essen, reden und spielen Sie miteinander. Sie werden diese Stunden als erfüllt empfinden!

Wo die Geselligkeit Unterhaltung findet, ist sie zu Hause.
Goethe

8
Dienstag

12.03

! Lassen Sie sich nicht auf unnötige Wettkämpfe ein. Überlegen Sie immer ganz genau, welche Sache was wert ist. Kompromisse zu finden ist heute zwar nicht einfach, aber mit Sicherheit der einzige Weg, der Sie letztlich zufriedenstellen wird.

Einfach verschieben
Der Haushalt ist heute eigentlich kein Thema. Die typischen Arbeiten wie Waschen und Putzen erledigen Sie besser bei abnehmendem Mond.

In Gesellschaft des Mondes
Bei einem Essen zu zweit – vor allem noch an einem Stiertag – können Sie an diesem Vollmondabend wunderbar abschalten und jede Menge Kraft für die ganze restliche Woche tanken.

9
Mittwoch

14.38

Elementegruppe: Erde
Besondere Nahrungsverträglichkeit: Salz
Beeinflusster Pflanzenteil: Wurzel
Dominierte Körperregionen: Kiefer, Hals, Nacken

Leicht und lecker

Der wieder abnehmende Mond verweilt noch im Stier. Wer jetzt ans Abnehmen oder Entschlacken denkt, liegt mit dieser feinen Suppe goldrichtig: Sie ist nicht schwer, aber nahrhaft genug und besteht aus Gemüsen, die an einem Wurzeltag besonders bekömmlich sind.

Lauchsuppe mit Muskat

Zutaten für 1 Portion

1 Schalotte
1 kleine Stange Lauch
1 kleine Kartoffel
1 TL Olivenöl
¼ l Gemüsebrühe aus Würfel oder Pulver
1 EL Pflanzencreme
1 TL saure Sahne
Muskat, frisch gerieben
Salz, Pfeffer
½ Bund Schnittlauch

Zubereitungszeit: 45 Minuten

1. Die Schalotte schälen und würfeln. Dann den Lauch putzen, die grünen Blätter entfernen und den Rest in Streifen schneiden. Die Kartoffel schälen und würfeln.

2. Das Olivenöl in einem Topf erhitzen, die Schalottenwürfel darin andünsten, den Lauch und die Kartoffelwürfel hinzufügen, heiß werden lassen, mit der Gemüsebrühe ablöschen.

3. Die Pflanzencreme und die saure Sahne hinzufügen. Mit Muskat, wenig Salz und Pfeffer abschmecken.

4. Den Schnittlauch waschen, mit der Schere klein schneiden und zuletzt über die Suppe geben.

November

10
Donnerstag

Elementegruppe: **Luft**
Besondere Nahrungsverträglichkeit: **Fett**
Beeinflusster Pflanzenteil: **Blüte**
Dominierte Körperregionen: **Schultern, Arme, Hände**

Jetzt sehr empfehlenswert

- Es gibt Obst und Gemüse, das besonders an Zwillingetagen Muskelaufbau und -arbeit unterstützt: z. B. Papayas, Brokkoli, Erbsen und Kartoffeln.
- Der Mond nimmt wieder ab. Also spricht nichts dagegen, in die Sauna zu gehen. Das entspannt und beugt gegen Erkältungskrankheiten vor.

Haus und Garten

- Die Mondkonstellation macht das Lüften leichter und effektiver: Räume sowie Textilien werden erfahrungsgemäß schneller frisch und ziehen auch keine Feuchtigkeit an.
- Nun ist es noch günstig, Gründüngung zu säen bzw. in den Boden einzuarbeiten. Und versehen Sie Ihre Obstbäume mit einem Stammanstrich.

11
Freitag

Martinstag

Verlockender Duft in der Küche

Möchten Sie sich heute wieder mal die Mühe machen, selbst zu backen? Die Mondkonstellation ist dafür jedenfalls ziemlich günstig.

Sich einlassen

Der heutige Mondstand macht Sie besonders aktiv und kommunikativ. Sie möchten unter Menschen sein und den Pulsschlag der Zeit spüren.
Steht abends z. B. ein Familienbesuch an? Der Zwillingetag empfiehlt sich dafür. Sie könnten am einen oder anderen manch Neues entdecken! Denn es gibt auch an vertrauten Menschen immer wieder Überraschendes oder sogar Befremdendes. Versuchen Sie sich damit auseinanderzusetzen!

Wer das Menschsein eines anderen Menschen ignoriert,
verneint das eigene.
Breyten Breytenbach

12 Samstag

01.23

Elementegruppe: Wasser
Besondere Nahrungsverträglichkeit: Kohlenhydrate
Beeinflusster Pflanzenteil: Blatt
Dominierte Körperregionen: Magen, Lunge, Galle, Leber

Dem Schmutz geht's an den Kragen

- Nützen Sie die Mondkonstellation, um schmutzige Hemd- und Blusenkrägen sauber zu bekommen. Vor dem Waschen sollten Sie sie mit Shampoo vorbehandeln.
- Außerdem ist heute der denkbar beste Mondtermin, um stark verschmutzte Fensterrahmen wirklich effektiv zu reinigen.

13 Sonntag

Volkstrauertag

Privatleben

Gibt es zwischen dem Partner und Ihnen leider kleine Differenzen? Machen Sie an diesem Krebstag einen Schritt auf ihn zu, dann kommt er Ihnen sicher gerne entgegen!

Ach, was ist das Leben des Menschen
für ein farbenwechselndes Ding!
Heinrich von Kleist

14 Montag

13.49

Nun braucht der **Magen** eine besonders sanfte Behandlung. Vor allem leichte Kost, keine minderwertigen Kohlenhydrate und Alkohol in Maßen!

Eine gute Methode, gegen Blattläuse und Spinnmilben vorzugehen, ist es, mit einer Drahtbürste lose **Rindenteile** an den Obstbäumen abzureiben.

Schalten Sie abends völlig ab, und geben Sie sich richtig der **Entspannung** hin. Beim heutigen Krebsmond dürfte Ihnen das wohl nicht schwerfallen.

46. Woche 2022

November

15
Dienstag

Elementegruppe: **Feuer**
Besondere Nahrungsverträglichkeit: **Eiweiß**
Beeinflusster Pflanzenteil: **Frucht**
Dominierte Körperregionen, -funktionen: **Herz, Kreislauf, Blutdruck**

! Wenn Sie heute die Entwicklung einer schwierigen Geschäftsverhandlung zu Ihren Gunsten umlenken wollen, müssen Sie einen Vorschlag machen, den vielleicht sogar Sie selbst für ziemlich gewagt halten. Warum sollten Sie es nicht einfach mal riskieren?

Hausarbeit

- Sammeln Sie wieder mal alle Kleidungsstücke, die in die chemische Reinigung sollten. Mondphase und -stand sind dafür jetzt sehr günstig.
- Nützen Sie die momentane Mondkonstellation, um verschmutztes Holz zu reinigen, Regale zu putzen oder Parkettböden zu wischen.
- Kontrollieren Sie jetzt Ihr eingelagertes Obst und Gemüse. Bei der Gelegenheit wäre es ideal, gleich die leer gewordenen Horden zu reinigen.

16
Mittwoch

14.28

Buß- und Bettag

Gutes für den Körper

- Bei abnehmendem Mond im Löwen sind beispielsweise die Tiefenreinigung der Haut und die Herstellung von Kräuterkissen begünstigt.
- Ein aphrodisisches Bad steigert nicht nur die Libido, es sorgt vor allem für ein starkes körperliches Wohlgefühl – besonders an einem Feuertag.

Rastlosigkeit ...

Dieser Löwetag beschert Ihnen nicht nur gute Einfälle – Sie können auch sofort was daraus machen. Seien Sie stolz!

... und Entspannung

Der Vorschlag des Partners, zusammen wieder mal einen besonderen Abend zu verbringen, kommt Ihren romantischen Gefühlen sehr entgegen. Sind Sie in Stimmung, ein klassisches Konzert oder eine Opernaufführung zu besuchen? Beim jetzigen Mondstand würde Sie das sehr berühren.

17
Donnerstag

02.05

Elementegruppe: **Erde**
Besondere Nahrungsverträglichkeit: **Salz**
Beeinflusster Pflanzenteil: **Wurzel**
Dominierte Körperfunktionen: **Stoffwechsel, Verdauung**

Pflege und Saat

- Überprüfen Sie heute Ihre überwinternden Kübelpflanzen: Herrscht z. B. die nötige Raumtemperatur? Muss verwelktes Laub entfernt werden?
- Sie besitzen ein beheizbares Treibhaus? Dann können Sie dort Wurzelgemüse wie Saatzwiebeln und Sommerlauch ansäen.

Schachzug

An Erdtagen hat man viel Sinn für die Finanzen. Schreiben Sie gleich heute schon einen Einkaufszettel für die Wochenendbesorgungen: Überflüssiges wird jetzt nicht darauf erscheinen!

Tipp Falls es heute zum Streit kommt, nicht auf das letzte Wort bestehen!

18
Freitag

Einfallsreichtum

Ein Trigon zwischen Mond und Uranus fördert in den beiden Stunden von 10.24 bis 12.24 Uhr Ihre Tatkraft. Jetzt spüren Sie total viel Erfindergeist in sich. Daher lassen Sie sich nun bei der Verwirklichung Ihrer Pläne auch durch rein gar nichts bremsen.

Ein stimmiges Motto

Sie setzen heute mehr auf Akribie und weniger auf Schnelligkeit. Ihr klares Credo lautet nämlich: Besser, es wird vor dem Feierabend nicht alles fertig, als Fehler zu machen!

Wer in der falschen Richtung geht,
dem hilft auch Galoppieren nichts.
Emil Oesch

November

Elementegruppe: **Luft**
Besondere Nahrungsverträglichkeit: **Fett**
Beeinflusster Pflanzenteil: **Blüte**
Dominierte Körperregionen: **Hüfte, Nieren, Blase**

19 Samstag

11.59

Immer fleißig

- Egal, ob nur ein paar Kleinigkeiten zu reinigen sind oder ein großer Hausputz ansteht – bei dieser Mondkonstellation wird alles geradezu perfekt.
- Und auch das Verlegen von Fußbodenbelägen ist an diesem Waagetag besonders günstig.

20 Sonntag

Totensonntag

Haben Sie heute das erste **Rendezvous** mit einer neuen Bekanntschaft? Sie sollten nicht gleich alles planen, sondern auch ein wenig dem Zufall überlassen! Aber gehen Sie tanzen. Bei abnehmendem Mond in der Waage machen Sie eine gute Figur!

Das Schicksal wird im Leben oft »Zufall« genannt.
Oswald Spengler

21 Montag

18.17

Waagemond und Gesundheit

- Die einfachste Prophylaxe gegen an Waagetagen vermehrt auftretende Blasen- und Nierenbeschwerden ist es, sich warm zu halten und möglichst viel zu trinken.
- Hagebutte und Wacholder sind bewährte Heilkräuter bei Nierenproblemen, Bärentraube und Löwenzahn helfen gegen Blasenbeschwerden.
- Für diesen Mondstand zu empfehlende Gemüse, die den Wasserhaushalt regulieren, sind z. B.: Blumenkohl, Bohnen, Rosenkohl und Tomaten.

22 Dienstag

Elementegruppe: **Wasser**
Besondere Nahrungsverträglichkeit: **Kohlenhydrate**
Beeinflusster Pflanzenteil: **Blatt**
Dominierte Körperregionen: **Sexualorgane, Harnleiter**

! Versuchen Sie heute nicht, den großen Wurf zu landen. Vor allem Verbissenheit bringt nichts. Verrichten Sie Ihre Tätigkeiten aber sorgfältig, damit keine Fehler passieren. Auch so können Sie sich jetzt profilieren!

- Noch ist die Zeit günstig, um Gründüngung zu säen bzw. einzuarbeiten; z. B. keimt Roggen sehr schnell und bleibt bis zum Frühling stehen.
- Für den Fall, dass der November bereits Schnee gebracht hat, müssen Sie vor allem die gefährdeten Äste komplett von der Schneelast befreien.

Gut fürs Gemüt
Bald ist 1. Advent. Haben Sie Ihre vier Wände eigentlich schon ein wenig weihnachtlich dekoriert? Tun Sie's – es wird Ihnen sehr gut gelingen.

23 Mittwoch

23.58

21.17

Klartext
- Heute lassen Sie sich in einer Diskussion keine Worthülsen bieten. Wer nur so daherredet, bekommt Ihre Argumente mit scharfer Zunge serviert.
- Sie sagen es dem Partner klipp und klar, falls Sie mal ein bisschen Ruhe brauchen. Das erspart Missverständnisse und kränkt ihn nicht!

Die Sprache ist gleichsam der Leib des Denkens.
Friedrich Hebbel

Tiefe
Gleich, ob Sie zwischen 19.17 und 21.17 Uhr z. B. das Pendel kreisen lassen oder meditieren – der harmonische Winkel (Trigon) von Skorpionmond und Jupiter lässt Sie an einer besonders intensiven Spiritualität teilhaben.

24
Donnerstag

Elementegruppe: Feuer
Besondere Nahrungsverträglichkeit: Eiweiß
Beeinflusster Pflanzenteil: Frucht
Dominierte Körperregionen: Oberschenkel, Venen

Hexenschuss
Bei zunehmendem Mond im Schützen kann dieses Leiden verstärkt auftreten. Es gibt aber eine Packung, die sehr hilft: Je 1 Handvoll geriebenen Meerrettich und Weizenvollkornmehl mischen, erwärmen, auf ein Tuch streichen und nicht länger als 15 Min. auf die schmerzende Stelle legen!

Geschickte Taktik
Schützetage während dieser Mondphase sind gute Termine zum Verhandeln. Und oft erzielt man jetzt auch einen optimalen Vertragsabschluss.

Das **Anbringen von Weißanstrichen** gegen Frostschäden sowie das **Lüften des Obstlagers** sind bei dieser Mondkonstellation empfehlenswert.

25
Freitag

22.19

Sich die Hände reichen
Beim heutigen Mondstand haben Sie gute Chancen, endlich mit einem beruflichen Kontrahenten Frieden zu schließen. Das kann Ihnen geschäftlich sehr viel bringen.

Wer im Herzen keinen Frieden hat, der hat ihn auch nicht außen.
Johann Geller von Kaysersberg

Sich in die Arme fallen
Sie sind dankbar für die Freundschaft des Partners und möchten ihn nicht mehr entbehren. Ihm das beim heutigen Mondstand zu zeigen ist leicht!

Tipp Wenn Sie möchten, dass in Ihrem Garten Nützlinge überwintern, sollten Sie für sie jetzt Schlupfwinkel schaffen – wie Laub- oder Totholzhaufen.

26 Samstag

Elementegruppe: Erde
Besondere Nahrungsverträglichkeit: Salz
Beeinflusster Pflanzenteil: Wurzel
Dominierte Körperregionen: Knie, Haut, Knochen

! Bleiben Sie heute in jeder Situation sachlich, selbst wenn Sie noch so gereizt sein sollten. Sie verderben sich sonst womöglich noch Sympathien, die Ihnen eigentlich sehr wichtig sind.

Gesundheit
Fühlen Sie sich momentan nicht besonders auf der Höhe, vielleicht sogar etwas angeschlagen? Ein heilendes Bad mit Sonnenhutextrakt kann da erfahrungsgemäß sehr gut helfen.

Schönheit
Dieser Steinbocktag ist besonders für die Herstellung von Kräutersalben empfehlenswert, die zur Schönheitspflege der Haut beitragen.

27 Sonntag

23.08

1. Advent

Wochenendstimmung
Die Zweisamkeit mit dem Partner kann Sie besonders zwischen 11.07 und 13.07 Uhr (Mond-Neptun-Sextil) in beste Laune versetzen. Sie müssen es nur schaffen, etwas abzuschalten und nicht an morgen zu denken, sondern das Jetzt zu genießen!

Man muss nicht immer ausgehen, um vom Leben was zu haben. Wenn Sie nun die **Zurückgezogenheit** bei sich daheim bevorzugen, ist das auch gut!

Dein Heim kann dir die Welt ersetzen, doch nie die Welt dein Heim.
Homer

Genuss vor der Nachtruhe
Der zunehmende Mond im Steinbock unterstützt die Ernährung der Haut. Gönnen Sie Ihrem Gesicht vor dem Schlafengehen eine straffende Maske.

28
Montag

Elementegruppe: **Luft**
Besondere Nahrungsverträglichkeit: **Fett**
Beeinflusster Pflanzenteil: **Blüte**
Dominierte Körperregionen: **Unterschenkel, Venen**

Die Faustregel für Wassermanntage lautet: Nach Möglichkeit langes Gehen oder Stehen vermeiden und auch öfter die **Beine** hochlegen!

In dieser Mondphase ist es beispielsweise empfehlenswert, eingewachsene **Nägel** zu korrigieren – sowohl an den Fingern als auch an den Zehen.

Sauerkraut schmeckt besser, wenn man es selbst macht. Der aufsteigende Mond begünstigt es, Weißkohl zu hobeln und in Essig anzusetzen.

Da der Mond wie gesagt aufsteigt, wird grundsätzlich auch das **Veredeln** von Obstgehölzen gefördert. Starke Fröste sollten aber nicht herrschen.

29
Dienstag

Mondpause
Die einzig wichtige im November beginnt kurz vor 8 Uhr und währt insgesamt gute 17 Stunden.
Sowohl Mondstand als auch -pause sind für die Pflege von Freund- und Bekanntschaften sehr günstig. Da fällt die Kommunikation einfach viel leichter!

Die Zukunft im Visier
Man kann nie früh genug planen. Wenn Ihr Partner und Sie im nächsten Jahr einiges verändern wollen, sollten Sie nun über erste konkrete Schritte reden. Der Mond im Wassermann unterstützt Sie dabei.

Besser als der Plan eines Einzelnen
ist der Plan von zweien.
Konfuzius

30
Mittwoch

15.38

01.16

Elementegruppe: Wasser
Besondere Nahrungsverträglichkeit: Kohlenhydrate
Beeinflusster Pflanzenteil: Blatt
Dominierte Körperregionen: Füße, Zehen

Vorsicht Stimmungsschwankungen!
Wenn der Mond die Fische durchwandert, ist der Mensch in privaten Angelegenheiten sehr phantasievoll, in beruflichen besonders kreativ und insgesamt ziemlich friedliebend. Aber jetzt kann sich auch aus relativ nichtigem Anlass schnell die Stimmung aufladen, ja gereizt sein.

Noch ruht der Garten nicht ganz
- Den Gartenteich sollte man jetzt vor dem völligen Zufrieren schützen, z. B., indem man einen Strohballen oder ein Büschel Schilfrohr hineinstellt.
- Das Wintergemüse im Freiland sollte man bei fehlender Schneedecke und Frostgefahr jetzt unbedingt mit Zweigen abdecken.

1
Donnerstag

Damit es warm genug bleibt
Jetzt haben Sie hoffentlich keine Probleme mit der Heizung! Wenn aber doch, dann ist dieser Mondstand für die nötigen Maßnahmen sehr geeignet.

Originalität
Von 16.37 bis 18.37 Uhr trägt eine Mond-Neptun-Konjunktion zu besonders viel Inspiration bei. Das kann einen echten Wendepunkt in Ihrer Arbeit bedeuten. Bleiben Sie also dran und schöpfen Sie Ihren Erfindungsreichtum nach allen Regeln der Kunst aus!

Versuchen Sie heute nicht, den Partner zu etwas zu überreden, das er völlig ablehnt. Sonst vergrößern Sie seinen **Widerstand** wahrscheinlich noch.

Zwang fordert Widerstand heraus.
Max Nordau

Dezember

Elementegruppe: Feuer
Besondere Nahrungsverträglichkeit: Eiweiß
Beeinflusster Pflanzenteil: Frucht
Dominierte Körperregionen: Kopf, Gesicht

2 Freitag

05.42

Vielleicht bekommen Sie an diesem Fruchttag richtigen Heißhunger auf Obst. Greifen Sie zu! Vor allem **rote Früchte** sind jetzt sehr bekömmlich.

Haben Sie denn schon **Plätzchen, Lebkuchen und Stollen** gebacken? Die Mondkonstellation von heute bis übermorgen würde es begünstigen!

3 Samstag

Da bahnt sich was an
Momentan könnte es passieren, dass Sie unter dem Einfluss des Mondes im Widder manch einem beweisen, wie sehr Sie alles Festgefahrene nervt und dass man sich mitunter ein falsches Bild von Ihnen gemacht hat.

Man muss etwas Neues machen, um etwas Neues zu sehen.
Georg Christoph Lichtenberg

4 Sonntag

12.39

2. Advent Barbaratag

Nun sind Sie darauf aus, neue Bekanntschaften zu schließen und möglichst **die Herzen aller** zu erobern. Das liegt am zunehmenden Mond im Widder.

Bedarf an neuen Beerensträuchern und Obstbäumen? Nützen Sie diese Mondkonstellation, um zu pflanzen. Natürlich nur bei frostfreiem Wetter!

Gleich, wie Sie sich heute Ihre Zeit eingeteilt haben – ein Spaziergang wird mit Sicherheit drin sein. Dann sind Sie morgen wieder **fit für neue Taten**!

5
Montag

Elementegruppe: **Erde**
Besondere Nahrungsverträglichkeit: **Salz**
Beeinflusster Pflanzenteil: **Wurzel**
Dominierte Körperregionen: **Kiefer, Hals, Nacken**

Trotzen Sie der nasskalten Jahreszeit, indem Sie sich immer warm genug anziehen. Im Moment müssen Sie vor allem auf **Hals und Ohren** achten!

Reinigungsarbeiten wie das Staubwischen oder Fußbodenputzen werden aufgrund der jetzigen Mondeinflüsse besser nur trocken ausgeführt.

Kontrollieren Sie die Aktivitäten auf Ihrem **Geschäftskonto**. Der Mond im Stier hilft dabei, schneller auf eventuelle Unstimmigkeiten zu stoßen.

Sie sollten am Abend möglichst nicht **Ihre vier Wände** verlassen, sondern es sich daheim gemütlich machen. So können Sie sich am besten ausruhen!

6
Dienstag

21.50

Nikolaustag

Rechtzeitig handeln

- Ihnen fehlen noch Weihnachtsgeschenke? Gehen Sie gleich nach der Arbeit los. Keine Sorge, an einem Stiertag ist das Einkaufen kein Problem.
- Bahnt sich bei Ihnen eine Erkältung an? Ein Vollbad mit Sonnenhutzusatz kann bei dieser Mondkonstellation wahre Wunder bewirken.

Viel Gefühl

Der jetzige Mondstand prägt das Beziehungsleben unterschiedlich: Man sucht z.B. Ruhe und Geborgenheit oder lebt auch intensiv seine Sinnlichkeit aus. Und falls Sie mit dem Partner übers Heiraten sprechen wollen: Stiertage sind wie geschaffen dafür. Zudem wäre das ja wohl eine richtig tolle Überraschung zum Nikolaustag!

Die Zukunft hat schon begonnen.

Robert Jungk

Dezember

7
Mittwoch

> *Elementegruppe:* **Luft**
> *Besondere Nahrungsverträglichkeit:* **Fett**
> *Beeinflusster Pflanzenteil:* **Blüte**
> *Dominierte Körperregionen:* **Schultern, Arme, Hände**

Problematisch

- In Vollmondnähe ist psychischer Stress in Situationen, die Sie sonst nicht berühren würden, keine Seltenheit. Bemühen Sie sich, ruhig zu bleiben!
- Kehren bzw. saugen Sie – falls unbedingt nötig – Ihre Böden jetzt nur. Eine feuchte Reinigung wäre heute nämlich nicht erfolgreich.

Positiv

- Die momentane Mondkonstellation begünstigt Besprechungen, Werbekampagnen, Rechtsangelegenheiten und den Ausbau von Geschäftsbeziehungen.
- Ob Sie bei Mond in den Zwillingen eine neue Bekanntschaft machen oder eine alte Freundschaft festigen – der andere spürt deutlich, dass man auf Sie zählen kann!

8
Donnerstag
05.09

Mariä Empfängnis

Von 13.43 bis 15.43 Uhr (da herrscht ein Mond-Saturn-Trigon) besitzen Sie genug Konzentration und Energie, um nichts nur halb zu machen. Sie müssen es aber vermeiden, sich auf der Suche nach der definitiven Ordnung ablenken zu lassen!

Vorsicht!

- In dieser Mondphase ist ein starker Rheumaschub nicht auszuschließen. Ein Vollbad mit Arnika- oder Beinwellextrakt kann aber Linderung bringen.
- Selbst wenn Sie in aller Regel sehr gefasst sind – heute könnte es passieren, dass Sie Ihre Contenance verlieren. Das ist der Zwillingevollmond!

Was ist eine Wissenschaft gegen das Lebendige des Gefühls!
Sophie Mereau

9
Freitag

08.50

Elementegruppe: Wasser
Besondere Nahrungsverträglichkeit: Kohlenhydrate
Beeinflusster Pflanzenteil: Blatt
Dominierte Körperregionen: Magen, Lunge, Galle, Leber

Mond und Gartenarbeit

- Wenn Sie in letzter Zeit immergrüne Gehölze gepflanzt haben und es im Moment sehr trocken ist, sollten Sie kontrollieren, ob sie gewässert werden müssen.
- Im beheizten Treibhaus können aufgrund der momentanen Mondkonstellation immer noch Kopfsalat und verschiedene Kohlsorten gesät werden.

10
Samstag

Tipp Nehmen Sie sich jetzt mal die Zeit, um ein paar berufliche und private Dinge zu ordnen – zumindest im Kopf.

Abendprogramm

- Hatten Sie in der Adventszeit bisher die nötige Muße, um sich aufs Fest einzustimmen? Falls nicht, sollten Sie das heute Abend nachholen!
- Nehmen Sie vor dem Schlafengehen noch ein kurzes Bad. Bei dieser Mondkonstellation wirkt es beruhigend und fördert so die Nachtruhe.

11
Sonntag

21.10

3. Advent

Tipp Die eine oder andere Stunde sollten Sie an diesem Krebstag für sich ganz allein reservieren. Dann werden Sie perfekt entspannen!

Überzeugungskraft

Von 19.50 bis 21.50 Uhr bilden Mond und Jupiter ein Trigon. Da fühlen sich alle sehr gut. Mit geringem Aufwand können Sie nämlich in Ihrem Umfeld für gute Stimmung sorgen, weil Ihre leidenschaftliche Art auf alle sehr anziehend wirkt.

Elementegruppe: Feuer
Besondere Nahrungsverträglichkeit: Eiweiß
Beeinflusster Pflanzenteil: Frucht
Dominierte Körperregionen, -funktionen: Herz, Kreislauf, Blutdruck

12 Montag

Die zwei Seiten einer Medaille

Erfahrungsgemäß stellt sich beim jetzigen Mondstand oft von selbst eine romantische Stimmung ein. Manchmal aber auch die pure Eifersucht!

Höhepunkt

Beim jetzigen Mondstand hat man meist die richtige Muße für einen Konzert- oder auch Opernbesuch. Gibt es eigentlich einen schöneren Start in die neue Woche?

Die Musik ist das vom Herzen
in Musik gesetzte Universum.
Sully Prudhomme

13 Dienstag

Ernährung und Bewegung

- Weihnachten ist in aller Regel auch ein Schlemmerfest. Daher könnte man sich knapp zwei Wochen zuvor doch noch vor allem mit Gemüse ernähren!
- Besonders an Löwetagen braucht man viel Bewegung, damit der Kreislauf in Schwung bleibt. Spazieren gehen ist da doch das Mindeste und Einfachste, was man tun kann!

Gesunde Obstbäume

Nützen Sie diesen Fruchttag, um den Winterschnitt an Ihren Obstbäumen voranzubringen. Die Schützetage vor Weihnachten sind dafür aber auch noch sehr günstig.

Um 16.53 beginnt eine knapp 17-stündige **Mondpause**.
Grundsätzlich sind Familienbesuche bei diesem Mondstand begünstigt. Im Fall von eher aggressiver Stimmung muss heute davon abgeraten werden!

14 Mittwoch

09.47

Elementegruppe: Erde
Besondere Nahrungsverträglichkeit: Salz
Beeinflusster Pflanzenteil: Wurzel
Dominierte Körperfunktionen: Stoffwechsel, Verdauung

Blutreinigung, Blutdruck und Diät

Falls Sie während dieser Mondphase eine Blutreinigungskur vorhaben: Bei Mond in einem Erdzeichen sind die jeweiligen Tees noch wirksamer. Und vermeiden Sie jetzt zu viel Salz, falls Sie unter zu hohem Blutdruck leiden! Zudem greifen nun auch sämtliche Maßnahmen für eine Diät sehr gut.

15 Donnerstag

Die Zähne zusammenbeißen

Wer nicht gleich die Nerven verliert, kann klarer denken und findet eher eine Lösung. Beherzigen Sie das, falls es heute zu Spannungen kommen sollte. Sie sind zwar sehr motiviert, alles zu schaffen, wissen aber, dass Sie bei dieser Arbeitsfülle Prioritäten setzen müssen, die für Unmut sorgen könnten.

Überwinde Dich selbst, und Du wirst die Welt überwinden.
Buddha

16 Freitag

09.57

20.50

Bitte beachten!

Stehen Sie zu Ihrer Meinung, auch wenn der Partner anderer Auffassung ist. Aber versuchen Sie nicht, ihn an diesem Jungfrautag zu bekehren!

Für die Entspannung

Der Jungfraumond ist grundsätzlich günstig für einen Ausflug. Es muss ja nicht immer so weit sein. Vielleicht einfach zum nächsten Weihnachtsmarkt? Das bringt Sie sicherlich in Stimmung.

17
Samstag

Elementegruppe: **Luft**
Besondere Nahrungsverträglichkeit: **Fett**
Beeinflusster Pflanzenteil: **Blüte**
Dominierte Körperregionen: **Hüfte, Nieren, Blase**

Nicht vergessen!
Trinken Sie vor allem in der kommenden Zeit viel Tee oder Wasser. Denn an Waage- und Skorpiontagen können verstärkt Blasen- und Nierenbeschwerden auftreten.

Mond und Haushalt

- Falls das Klima trocken ist, wäre dies ein guter Termin, um das ganze Bettzeug im Freien auszulüften. Die Mondkonstellation ist ideal dafür.
- Die Feiertage sind noch nicht mal da – und schon ist alles aufgegessen? Backen Sie noch mal Plätzchen oder Stollen. Der Mondstand ist günstig.
- Erwarten Sie heute Gäste? Bei abnehmendem Mond in der Waage kann man viele kreative Einfälle haben, um sehr originell zu dekorieren!

18
Sonntag

4. Advent

Pragmatismus
Müssen Sie für das alte Jahr noch so manch Wichtiges organisieren? In der Zeit zwischen 12.32 und 14.32 Uhr (Mond-Saturn-Trigon) können Sie einige wirklich gute Ideen haben, wie Sie das alles am besten anstellen!

Überprüfen Sie an diesem Lufttag Ihre überwinternden **Kübelpflanzen**: Herrscht die richtige Raumtemperatur? Ist verwelktes Laub zu entfernen? Nicht mehr benötigte **Gartengeräte und -werkzeuge** immer noch nicht gereinigt, eingeölt und verstaut? Heute ist ein optimaler Mondtermin dafür!

Lust und Laune
Vielleicht haben Sie ja Lust, vor dem Fest noch ein paar Freunde zu treffen? Waagetage sind dafür perfekt. Tauschen Sie doch z.B. bei einem guten Essen schöne Erinnerungen aus.

19
Montag

04.32

Elementegruppe: **Wasser**
Besondere Nahrungsverträglichkeit: **Kohlenhydrate**
Beeinflusster Pflanzenteil: **Blatt**
Dominierte Körperregionen: **Sexualorgane, Harnleiter**

! Sowohl der Skorpionmond als auch eine Pluto-Aspektierung können heute Engherzigkeit und Angriffslust bedingen. Tun Sie also Ihr Bestes, um Konflikte zu vermeiden. Beweisen Sie nach Möglichkeit Großmut!

Guten Appetit!
An Skorpiontagen auf Gesundes achten und zudem Feinstes genießen? Speisen Sie nun Bekömmliches wie Blattgemüse, Trauben und Seefisch.

Tipp 1 Heute ist wirklich kein geeigneter Tag, um bezüglich irgendwelcher Geldangelegenheiten noch schnell etwas zu entscheiden.
Tipp 2 Müssten Sie endlich Weihnachtspost schreiben oder beantworten? Das Verfassen von Briefen oder Mails fällt bei Mond im Skorpion leicht.

20
Dienstag

Vorsorgen
Ziehen Sie sich bei diesem Mondstand besonders in der kalten Jahreszeit immer warm genug an, um eine Unterkühlung und somit die Gefahr einer Blasenentzündung zu vermeiden.

Sie haben am Abend das Bedürfnis nach Ruhe und Kontemplation? Dann machen Sie es sich zu Hause gemütlich! Und falls Sie neue Einsichten gewinnen möchten, sollten Sie zwischen 20.02 und 22.02 Uhr versuchen, den Angelegenheiten, die Sie umtreiben, richtig auf den Grund zu gehen. Da sorgen Skorpionmond und Neptun für das richtige Gespür.

Wir haben verlernt, die Augen auf etwas ruhen zu lassen,
deshalb erkennen wir so wenig.
Jean Giono

21
Mittwoch

08.14

Winteranfang

Elementegruppe: Feuer
Besondere Nahrungsverträglichkeit: Eiweiß
Beeinflusster Pflanzenteil: Frucht
Dominierte Körperregionen: Oberschenkel, Venen

Fürs körperliche Wohlgefühl

- Die jetzige Mondkonstellation ist günstig, um für den nötigen körperlichen Ausgleich zu sorgen – ob durch Sport, Gymnastik oder einen Spaziergang.
- Saunen ist nicht nur gesund, sondern auch entspannend. Allerdings sollten Sie es wegen der Kreislaufbelastung immer in dieser Mondphase tun.

Sieg der Vernunft

Sie liegen mit jemandem im Clinch, den Sie gerne beenden möchten? An diesem Schützetag haben Sie sicher die richtige Idee, wie Sie's anstellen!

Des Menschen Wille, das ist sein Glück.
Schiller

22
Donnerstag

! An diesem Tag bringt es nichts, alles ganz genau ergründen zu wollen. Sie könnten dabei manchem Trugschluss aufsitzen! Sie sollten eher versuchen, aus Ihren Möglichkeiten das Beste zu machen. Dann werden Sie auch leichter den Erwartungen der anderen gerecht! Und: Andere Menschen, andere Meinungen! Halten Sie an Ihrer Auffassung fest, unterlassen Sie aber im Sinne eines friedlichen Schützetags jegliche Plädoyers.

Reisepläne?

Planen Sie wegzufahren, um die Feiertage woanders zu verbringen? Mondphase und -stand unterstützen einen guten Reiseantritt.

Um 21.17 Uhr beginnt eine **Mondpause**, die elfeinhalb Stunden dauern wird. Ob Sie den Tag in sehr privater Atmosphäre ausklingen lassen oder an diesem Abend mit anderen feiern – Sie genießen in vollem Bewusstsein!

23 Freitag

11.18

08.51

Elementegruppe: Erde
Besondere Nahrungsverträglichkeit: Salz
Beeinflusster Pflanzenteil: Wurzel
Dominierte Körperregionen: Knie, Haut, Knochen

Die besten Stunden heute

Zwischen 11.18 und 13.18 Uhr trägt eine Mond-Sonne-Konjunktion zu mehr Harmonie bei. Da kann es Ihnen mit nur wenig Anstrengung gelingen, zwei Widersacher zu versöhnen und so für ein wieder gutes kommunikatives Klima zu sorgen.

Gut – schlecht

- Falls es Sie heute nicht nur wegen der frischen Luft in den Garten zieht: Wie weit sind Sie mit Ihrem Winterschnitt? Oder haben Sie Pflanzen, die etwas kränkeln? Dann nützen Sie diesen Termin für einen Rückschnitt!
- In dieser Mondphase sollte man nicht noch schnell Plätzchen oder Kuchen backen. Die Gefahr, dass der Teig nicht aufgeht, ist jetzt nämlich sehr groß.

24 Samstag

Heiligabend

Von 09.03 bis 11.03 Uhr trägt ein Mond-Uranus-Trigon zur **Vielseitigkeit** bei. Auch wenn Sie jetzt noch viel vorbereiten oder sogar besorgen müssen – Sie sind jetzt nicht gestresst und schon richtig in Feierlaune. Denn Sie haben für alles die perfekte Logistik im Kopf.

Ein paar Gedanken wert

Sie möchten bei der Bescherung nichts riskieren. Vielleicht will Ihr Partner aber auch einmal richtig überrascht werden? Denken Sie darüber nach!

Festlich genug

Sellerie liefert wichtige Nährstoffe für eine gesunde Haut. Ein leichtes und alternatives Abendessen wäre da z. B. Selleriesuppe mit Räucherfischen.

An Steinbocktagen hat man viel Sinn fürs Familiäre, weiß man gepflegte Gespräche sehr zu schätzen ... Das kann ein **schöner Heiligabend** werden!

25 Sonntag

1. Weihnachtstag

Elementegruppe: **Luft**
Besondere Nahrungsverträglichkeit: **Fett**
Beeinflusster Pflanzenteil: **Blüte**
Dominierte Körperregionen: **Unterschenkel, Venen**

08.15

! Falls Sie heute etwas eingehender über das Auf und Ab im Leben nachdenken, werden Sie darin weniger eine gewisse Sinnlosigkeit als vielmehr eine echte Herausforderung sehen können.

Jede Menge Leben
Diese Weihnachtstage sind für die Freizeitgestaltung sehr günstig. Unternehmen Sie also z. B. etwas, worauf Sie schon sehr lange Lust haben! Haben Sie heute vielleicht vor, auf eine Gesellschaft zu gehen oder Gäste zu empfangen? Der Mondstand sorgt jedenfalls für gute Stimmung.

Drum hasch die Freuden, eh sie der Sturm verweht.
Ludwig Heinrich Christoph Hölty

26 Montag

2. Weihnachtstag

Tipp Für alle, die den 2. Weihnachtstag mit Joggen oder Walken beginnen: Gymnastikübungen, welche die Beine kräftigen, wirken nun sehr effektiv.

Die perfekte Ernährung für heute
Gemüsetipp, falls Sie selbst kochen: Brokkoli ist an Lufttagen sehr bekömmlich und stärkt vor allem bei dieser Mondkonstellation die Muskelarbeit. Und wählen Sie zudem Obst sowie Gemüse, die zur Stabilität der Venen beitragen: z. B. Äpfel, Grapefruits, Lauch, Buchweizen, Zwiebeln.

Mondpause
Sie beginnt um 19.21 Uhr und wird gute 13 Stunden dauern.
Gleich die ersten beiden Stunden werden Sie unter dem Einfluss einer Mond-Saturn-Konjunktion sehr bereichern. Ob Sie in Gesprächen mehr Klarheit über nahestehende Menschen bekommen oder bei interessanter Lektüre Ihre Gedanken schweifen lassen – Sie werden vieles neu einordnen können.

27 Dienstag

08.35

Elementegruppe: Wasser
Besondere Nahrungsverträglichkeit: Kohlenhydrate
Beeinflusster Pflanzenteil: Blatt
Dominierte Körperregionen: Füße, Zehen

Für den Körper
Perfekte Nervennahrung für Fischetage gesucht? Feigen, Trauben, Brokkoli, Fenchel, Mangold, Sellerie und Spinat tragen zu besserer Stimmung bei.

Für mehr Effizienz
Legen Sie Arbeit (vor allem geschäftliche Korrespondenz), mit der Sie beim heutigen Mondstand nicht schnell genug vorankommen, gleich beiseite. Sonst verlieren Sie nur Zeit und Energie.

Für die Seele
Falls Sie den Eindruck haben, dass Sie etwas umtreibt, Sie aber nicht genau wissen, was es ist, sollten Sie dem am Abend in aller Ruhe nachspüren.

28 Mittwoch

Ordnung in Garten, Haus und Job
- Ist Ihr Gartenteich zugefroren? Überprüfen Sie wieder einmal, ob die Sauerstoffzufuhr noch immer ausreichend gewährleistet ist.
- Für eventuelle Reinigungsarbeiten ist die Mondphase ziemlich ungünstig. Lassen Sie heute den Haushalt einfach einmal ruhen!
- Ob im Büro oder Arbeitszimmer: Noch etwas Ordnung in gewisse Unterlagen zu bringen kann nie schaden und wird vom Mond auch unterstützt.

Das liegt wohl an den Fischemond-Impulsen; Sie wollen heute nicht die **zärtliche Stimmung** in Ihrer Partnerschaft zerstören. Darum sprechen Sie auch keine Probleme an, die eh nicht wichtig sind.

Die Lebensspanne ist dieselbe,
ob man sie lachend oder weinend verbringt.
Buddha

Elementegruppe: ***Feuer***
Besondere Nahrungsverträglichkeit: ***Eiweiß***
Beeinflusster Pflanzenteil: ***Frucht***
Dominierte Körperregionen: ***Kopf, Gesicht***

29
Donnerstag

11.37

Gesund und gut

- Wenn der Mond Schütze, Steinbock, Wassermann, Fische, Widder und Stier durchwandert, also aufsteigt, ist das Herstellen von Kräutersalben günstig.
- Bei zunehmendem Mond an einem Fruchttag ist das Einkochen von Obst und Fruchtgemüse besonders ergiebig.

30
Freitag

02.22

Die insgesamt positive Entwicklung während des zunehmenden Mondes vollzieht sich im ersten Viertel noch schleppend, was mit der Erschöpfung um Neumond zusammenhängt. Dieser Zustand erreicht seinen Höhe- und zugleich Endpunkt **bei zunehmendem Halbmond** (also heute). Dann stehen Mond und Sonne in einem ziemlich spannungsreichen Aspekt zueinander, woraus sich durchaus auch seelische Konflikte ergeben können: z. B. zwischen Wollen und Können, zwischen dem eigenen Anspruch und den Interessen anderer.

31
Samstag

18.10

Silvester

Silvestertipp Minimieren Sie an diesem Widdertag das Migränerisiko, indem Sie alle Genussmittel, besonders aber Alkohol möglichst reduzieren.

Wie wär's zum neuen Jahr mit einem duftenden **Kuchen**, selbst gebacken? Bei der heutigen Mondkonstellation wird er Ihnen sehr gut gelingen!

Am Abend ist Kontaktpflege angesagt. Ob mit Freunden auf der Party oder in holder Zweisamkeit zu Hause – der Widdermond sorgt für **Stimmung**!

Ganzjahresüberblick günstiger Tage

Die günstigsten Friseurtermine des Jahres

Bei der folgenden Aufstellung sind auch die Montage berücksichtigt, weil an diesen ehemals für die Zunft freien Tagen zunehmend gearbeitet wird. Was durchaus nicht zuletzt auf die Erfahrung des positiven Mondeinflusses zurückgeht!

D = Dauerwelle legen lassen, für einen **schöneren und festeren Halt**.
F = Färben bzw. Tönen der Haare, für **mehr Glanz**.
K = Schneiden, für einen **kräftigeren Haarwuchs**.
S = Schneiden, für ein **schnelleres Nachwachsen der Haare**.

Januar

04., 05., 13.–15.01.	F
18.01.	S
19., 20.01.	K
21., 22.01.	D

Februar

02., 09.–11.02.	F
15., 16.02.	S
17., 18.02.	D

März

09., 10.03.	F
14., 15.03.	S
16.–18.03.	D

April

05.–07.04.	F
11., 12.04.	S
13., 14.04.	D

Mai

03., 04.05.	F
09.05.	S
10., 11.05.	D
12.–14., 31.05.	F

Juni

04.06.	S
07., 08.06.	D
09., 10.06.	F

Juli

01., 02.07.	S
04., 05.07.	D
06., 07.07.	F
28.07.	K
29., 30.07.	S

August

01.08. (nicht überall)	D
02.–04., 11.08.	F
25., 26.08.	K
27.08.	D
29.–31.08.	F

September

07., 08.09.	F
21., 22.09.	K
23., 24.09.	D
26., 27.09.	F

Oktober

05., 06.10.	F
18.–20.10.	K
21., 22.10.	D

November

01.11. (nicht überall)	F
02.11.	F
15.11.	K
16.11. (nicht überall)	K
17., 18.11.	D
28., 29.11.	F

Dezember

07.12.	F
12., 13.12.	K
14.–16.12.	D

Die günstigsten Termine des Jahres

Abnehmen oder Kuren

Beginnen Sie für ein effektiveres Abnehmen (A) mit der Essensreduzierung unmittelbar nach Vollmond oder bereits am Vollmondtag selbst. Da ist Ihr Körper gestärkt, der Verzicht fällt Ihnen leichter, und der Mond fördert den Abbau von Fett, Schlacken und Wasser. Dieser Effekt ist bis einschließlich Neumond zu spüren.

Wenn der Mond zunimmt, wird der Körper bei der Aufnahme von heilenden Wirkstoffen, aber auch bei der positiven Reaktion auf therapeutische Maßnahmen unterstützt. Jede Kur (K) wird nun noch bessere Ergebnisse erzielen. Bei Vollmond ist dann der Höhepunkt der Aufnahmefähigkeit erreicht.

Januar	01.01., 02.01.	A
	03.01.–18.01.	K
	19.01.–31.01.	A
Februar	01.02.	A
	02.02.–16.02.	K
	17.02.–28.02.	A
März	01.03., 02.03.	A
	03.03.–18.03.	K
	19.03.–31.03.	A
April	01.04.	A
	02.04.–16.04.	K
	17.04.–30.04.	A
Mai	01.05.–16.05.	K
	17.05.–30.05.	A
	31.05.	K
Juni	01.06.–14.06.	K
	15.06.–29.06.	A
	30.06.	K
Juli	01.07.–13.07.	K
	14.07.–28.07.	A
	29.07.–31.07.	K
August	01.08.–12.08.	K
	13.08.–27.08.	A
	28.08.–31.08.	K
September	01.09.–10.09.	K
	11.09.–25.09.	A
	26.09.–30.09.	K
Oktober	01.10.–09.10.	K
	10.10.–25.10.	A
	26.10.–31.10.	K
November	01.11.–08.11.	K
	09.11.–23.11.	A
	24.11.–30.11.	K
Dezember	01.12.–08.12.	K
	09.12.–23.12.	A
	24.12.–31.12.	K

Ganzjahresüberblick günstiger Tage

Die günstigsten Banktermine des Jahres

Natürlich ist zuvor schon alles gut durchdacht und kalkuliert, sind erste Entscheidungen getroffen worden.
Wer aber an diesen Erdtagen bei zunehmendem Mond mit seinem Bankberater nach den stimmigsten Finanzlösungen sucht, wird sich auf das Thema noch intensiver konzentrieren und mit großer Sicherheit passende Angebote finden können.

Januar	**03.01.**	**11., 12.01.**	
Februar	**07., 08.02.**		
März	**07., 08.03.**	**16., 17.03.**	
April	**04.04.**	**13., 14.04.**	
Mai	**02.05.**	**10., 11.05.**	
Juni	**07., 08.06.**		
Juli	**04., 05.07.**	**12.07.**	
August	**01.08. (nicht überall)**	**09., 10.08.**	
September	**05., 06.09.**		
Oktober	**03.10. (nicht überall)**	**04.10.**	**31.10. (nicht überall)**
November	**07.11.**		
Dezember	**05., 06.12.**		

Die günstigsten Termine des Jahres zum

Streichen, Malen und Lackieren

Bei Malerarbeiten an den folgenden Tagen des abnehmenden Mondes können Sie von zwei Wirkungen ausgehen:
Der Materialverbrauch wird geringer sein als sonst. Und die Farbe bzw. der Lack lässt sich leicht auftragen, die Übergänge sind sauber, und man kann mit langer Haltbarkeit rechnen.

Januar	01.01. 21.–24.01. 27.–31.01.
Februar	17.–20.02. 24.–28.02.
März	01.03. 19., 20.03. 23.–28.03. 31.03.
April	19.–25.04. 28., 29.04.
Mai	17.–22.05. 25.–29.05.
Juni	15.–18.06. 21.–28.06.
Juli	14., 15.07. 19.–25.07.
August	15.–21.08.
September	11.–17.09. 23., 24.09.
Oktober	10.–15.10. 21.–24.10.
November	09.–11.11. 17.–21.11.
Dezember	14.–18.12. 21., 22.12.

Special: Die Mondaspekte

In den Texten des kalendarischen Mittelteils werden oft die sogenannten Mondaspekte thematisiert. Aspekte sind die Winkel, in denen Sonne, Mond und Planeten, von der Erde aus gesehen, zueinander stehen.
Entscheidend dabei ist: Die verschiedenen Winkel haben eine stärkere oder schwächere Wirkung, einen günstigen oder ungünstigen Einfluss.
Die **Opposition** (180 Grad; zwei Gestirne stehen sich genau gegenüber) und das **Quadrat** (90 Grad) sind beispielsweise zwei ungünstige Aspekte, die immer erhebliche Spannungen erzeugen.
In diesem Buch sind ungünstige Aspekte (von denen an einem einzigen Tag auch mehrere gegeben sein können) aber nicht näher aufgeführt, sondern lediglich als problematisch (!) angezeigt. Nur die günstigsten Mondaspekte (Trigon, Sextil und Konjunktion) werden genau benannt.

Konjunktion

Die Konjunktion (0 Grad) gilt als wirksamster Aspekt: Zwei oder mehr Gestirne befinden sich in einer Linie.
Das ist eher günstig bei Mond und Sonne, Merkur, Venus, Jupiter; oft weniger günstig bei Mond und Mars, Saturn, Uranus, Pluto, Neptun.

Trigon

Das Trigon (120 Grad) ist traditionell der günstigste und vielversprechendste Aspekt. Mond und Sonne bzw. Planet wirken in diesem Fall sehr harmonisch zusammen. Man kann auch sagen, dass sie einander unterstützen.
Daraus resultieren dann schließlich viel Entspannung, Gleichgewicht sowie Ruhe und Seelenfrieden.

Sextil

Das Sextil (60 Grad), ein halbes Trigon, wirkt günstig, aber nicht so stark wie das Trigon.
Meist steht ein Zeichen zwischen Mond und Sonne bzw. Planeten, das ergänzend sein kann.

Der Planeteneinfluss

Astrologisch gesehen verkörpern die Planeten unterschiedliche psychische Inhalte wie zum Beispiel Optimismus, Ehrlichkeit oder Machtgier.
Welcher Art und wie intensiv genau sich nun der Einfluss eines Planeten auf den Charakter des Menschen auswirkt, hängt von der jeweiligen Aspektierung des Mondes zum betreffenden Planeten ab.
So betrachtet sind die Planeten im Horoskop quasi die Auslöser, und der Mond wirkt wie die Initialzündung dazu.

Sonne

Die Sonne ist Ausdruck des männlichen Prinzips – im Gegensatz zum Mond, der für das weibliche steht. Sie bedingt die verschiedenen Mondphasen und das persönliche Tierkreiszeichen eines Menschen. Die Sonne entspricht dem Ich, dem freien und glücksbetonten Lebensgefühl. Sie steht für die Vitalität, das Selbstvertrauen und alles Sonnenhafte, das in jedem Menschen zu finden ist.

Merkur

Merkur steht für das Denken und Handeln, die Flexibilität, Geschicklichkeit und Kommunikationsfähigkeit des Menschen. Merkur bestimmt aber auch, welchen Wissensdrang, welche Aufgeschlossenheit und Lernbereitschaft man entwickelt.

Venus

Venus verkörpert das weibliche Prinzip, symbolisiert den Wunsch nach Harmonie, Geselligkeit und Liebe. Ihr unterstehen ebenso der Sinn für alles Schöne, die Freude am Genuss und die Hingabe in der Liebe.

Mars

Mars gehört dem männlichen Prinzip an, verleiht einen starken Durchsetzungswillen sowie Mut, Energie, Angriffslust und die nötige körperliche Belastbarkeit.

Special: Mond und Planetenaspekte

Jupiter

Jupiter bewirkt Optimismus und Idealismus. Er wird daher auch als großes Glück bezeichnet. So ist Jupiter der Glücksstern, welcher auf Sinn und Chancen im Leben verweist. Zudem steht er für Wachstum, Reichtum, Gerechtigkeit.

Saturn

Saturn befähigt, das Leben zu ordnen und zu meistern: Die dafür nötigen Eigenschaften wie Realitäts- und Verantwortungsbewusstsein, Genauigkeit und Ausdauer werden ihm zugeschrieben. Er symbolisiert Disziplin und Klarheit, aber auch Begrenzung und Einsamkeit. Außerdem regt er die Menschen zur Selbstreflexion an.

Uranus

Uranus unterstützt die Intuition und Aufgeschlossenheit des Menschen. Er steht für Weisheit, Inspiration, Originalität sowie Exzentrizität. Er bringt aber auch Umschwung, plötzliche Veränderungen, Revolutionen und Unfälle. Der Planet vermittelt außerdem einen starken Drang nach Freiheit sowie das ständige Streben nach Erneuerung und Fortschritt.

Neptun

Der Planet Neptun entfesselt häufig unbewusste Seelenkräfte. Er macht empfänglich für unterschiedlichste Geheimnisse, Spirituelles, Träume, Menschheitsideale, aber leider auch für Täuschung und Selbsttäuschung. Er regt die Phantasie an (künstlerische Inspiration ist meist auf ihn zurückzuführen!) und verleiht mediale Fähigkeiten, macht allerdings oft weltfremd und unfähig, die Realität zu meistern.

Pluto

Das Plutoprinzip steht für das kollektive Unbewusste, jegliche Art von Massenentwicklung, Macht, totale Veränderung und Diktatur sowie für Chirurgie, Giftstoffe und Atomkraft. Pluto lenkt die Prozesse, die mit Vergehen und Werden zu tun haben, wirkt also zerstörerisch oder spendet Leben.

Special: Der Geburtsmond

Was das Mondhoroskop verrät

Im Geburtshoroskop eines jeden Menschen, das viel Interessantes über dessen künftiges Leben vermittelt, gibt es mehrere Gesichtspunkte, durch deren genauere Betrachtung der Astrologe seine Aussagen gewinnen kann.
Da ist zuerst das Sonnenzeichen, also das Tierkreiszeichen, in dem sich die Sonne zum Zeitpunkt der Geburt aufhält. Es beschreibt die Gesamtpersönlichkeit, so wie sie der Betreffende selbst sieht.
Dann ist der Aszendent von Bedeutung – das Zeichen des Tierkreises, das im Augenblick der Geburt gerade am östlichen Horizont aufgeht. Er vermittelt das Bild, das andere von diesem Menschen haben.
Auch die Konstellation der Planeten zu diesem Zeitpunkt muss berücksichtigt werden. Sie gibt Auskunft über Wünsche, Ziele und innere Beweggründe.
Und schließlich macht noch der Geburtsmond einige wesentliche Aussagen.

Die Bedeutung des Geburtsmondes

Der Geburtsmond – das Tierkreiszeichen, in dem der Mond zur Geburtsstunde eines Menschen steht – beschreibt den inneren Kern der Persönlichkeit. Er zeigt, wie dieser Mensch fühlt, seine Empfindungen äußert und aus diesem inneren Antrieb heraus handelt. Der Mondstand lässt überdies erkennen, wie der Betreffende auf andere Menschen reagiert.
Im Folgenden werden kurz die verschiedenen »Mondtypen« beschrieben. Dabei wird auf grundlegende Charakterzüge, zu erwartende Fähigkeiten und die Einstellung zu anderen Menschen eingegangen. Alle dabei genannten Gegebenheiten sind aber nur Tendenzen, Möglichkeiten, aus denen jeder das Beste machen kann und sollte!

Wie man seinen Geburtsmond findet

Im Internet gibt es verschiedene Foren, wo man sich kostenlos und schnell den Geburtsmond berechnen lassen kann – z. B. www.mondkraft.com.

Special: Der Geburtsmond

Wenn der Geburtsmond im Widder stand

\+ *Ideenreich, energisch, spontan*
– *Ungeduldig, unbeherrscht, rücksichtslos*

Spontaneität, impulsives Handeln und starke Energien sind die Grundcharakteristika der Menschen, deren Geburtsmond im Widder stand.
Widdermond-Geborene haben stets den Anspruch, anderen voranzugehen, sie zu führen. Ihnen kommt es darauf an, eigene Ideen und Meinungen durchzusetzen, frei und unabhängig zu sein – zuweilen auch ohne besondere Rücksichtnahme gegenüber den Mitmenschen.
Widdermond-Geborene sind immer auf der Suche nach neuen Erfahrungen. Sie brauchen das Gefühl, genügend Spielraum und Bewegungsfreiheit zu haben, um ihre Spontaneität und Dynamik sowie ihren Idealismus uneingeschränkt ausleben zu können. Selbst im alltäglichen Leben muss ihre lebhafte Phantasie ihren Ausdruck finden können. Die alltägliche Routine lehnen sie ab.
So positiv die Spontaneität des Widdermond-Geborenen ist, so negativ kann seine schnelle Erregbarkeit sein, die oft dazu neigt, Konflikte auf aggressive Weise anzugehen, ohne Kompromisse zuzulassen.
Der unter dem Widdermond Geborene strebt nach Anerkennung, will gefallen, will geliebt werden. Meist gelingt das, doch wenn er mit seinem Umfeld nicht klarkommt, wird er leicht gereizt und neigt zu emotionalen Ausbrüchen, die auch in eine Krise münden können. Dann stellt er seine Fähigkeiten infrage, fürchtet sich vor den eigenen Ideen, wird unkonzentriert und lustlos. Depressionen können entstehen, wenn die persönliche Freiheit der Widdermond-Geborenen eingeschränkt wird oder wenn sie ihre Vorstellungen nicht verwirklichen können. Um ein glückliches Leben in der Gemeinschaft zu führen, sollten sie lernen, auf andere Menschen einzugehen, Geduld und Rücksichtnahme zu üben, Kompromisse zu finden. Gleichzeitig sollten sie daran arbeiten, ihre Emotionen besser unter Kontrolle halten zu können.

Wenn der Geburtsmond im Stier stand

\+ *Beständig, gesellig, zärtlich*
– *Unbeweglich, besitzorientiert, genusssüchtig*

Zufriedenheit, Herzlichkeit und zärtliche Sinnlichkeit sind die herausragenden Charaktereigenschaften der Menschen, deren Geburtsmond im Stier stand.

Stiermond-Geborene sind Genussmenschen, die sich im Kreis der Familie oder in einer Gruppe Gleichgesinnter geborgen und glücklich fühlen. Sie haben eine geradezu unstillbare Sehnsucht nach menschlicher Nähe, liebevoller Zuwendung und körperlichem Kontakt. Sie tun alles, um diese Nähe zu fördern und zu erhalten.

Spontaneität ist nicht die Sache des Stiermond-Geborenen. Eher bedächtig, langsam kommt er in Gang, entwickelt dann aber eine erstaunliche Kraft, um das zu erreichen, was er sich vorgenommen hat. Dabei ist sein Streben oft auf den Erwerb und auf die Bewahrung materieller Güter gerichtet – von ihnen erwartet er Sicherheit und Stabilität. Dadurch kann aber eine gewisse Abhängigkeit entstehen, woraus sich Tendenzen zu Habgier und Geiz entwickeln.

Das Bewahren- und Festhaltenwollen, das für Menschen, die unter dem Stiermond geboren wurden, so charakteristisch ist, macht einerseits ihre Stärke aus, die sie zu stabilen, verlässlichen und treuen Mitmenschen werden lässt. Andererseits kann ihre Unbeweglichkeit, das manchmal sture Festhalten an Gewohntem, das Stemmen gegen jegliche Veränderung auch zu einer Belastung für ihr Umfeld werden. Fühlen sie sich dann von den anderen unverstanden, ziehen sie sich gekränkt in ihr »Revier« zurück.

Um in Harmonie mit ihrer Umwelt zu leben, sollten Stiermond-Geborene unbedingt lernen, auch einmal loszulassen. Wenn es ihnen gelingt, scheinbar unveränderbare Gewohnheiten, Besitzstände und Beziehungen auch einmal prüfend zu hinterfragen, dann wird es ihnen leichter fallen, den Blick auf neue Möglichkeiten, Bedürfnisse und Fähigkeiten zu richten. Und dies wird schließlich sowohl ihrem Selbstwertgefühl guttun als auch die Beziehungen zu anderen Menschen bereichern.

Special: Der Geburtsmond

Wenn der Geburtsmond in den Zwillingen stand

+ *Einfühlsam, humorvoll, wissensdurstig*
– *Wankelmütig, oberflächlich, überheblich*

Humor, Unbekümmertheit und auch eine gewisse Unverbindlichkeit gehören zu den typischen Charaktereigenschaften der Menschen, deren Geburtsmond in den Zwillingen stand.
Ihre Fähigkeit, sich leicht zwischen Gefühl und Verstand zu bewegen, macht sie als Gesprächspartner und Kollegen sehr angenehm. Hervorzuheben ist auch ihre Einfühlsamkeit, die anderen Empathie und Verständnis signalisiert. Im geselligen Austausch können Zwillingemond-Geborene ihrem lebhaften Mitteilungsbedürfnis am besten nachgehen.
Einfühlsamkeit bedeutet jedoch nicht unbedingt Gefühlstiefe. Da ist es beim Zwillingemond-Geborenen eher so, dass er nur das als Gefühl zulässt, was er erkennen, analysieren und verstehen kann. Entsteht einmal ein Widerspruch zwischen dem, was er denkt, und dem, was er fühlt, wird er langsam unsicher; und das führt dazu, dass er im Zweifelsfall schließlich doch dem Verstand folgen wird.
Wissensdurst und Kommunikationsbedürfnis sind beim Zwillingemond-Geborenen auf geradezu ideale Weise verbunden. Wo immer Abwechslung angesagt ist, Bewegung, Geselligkeit und Aktion – er will dabei sein. Hat er keine Möglichkeit, zu reisen, Beziehungen zu knüpfen, Geschichten zu erzählen, Neues zu erforschen und davon zu berichten, verkümmert seine Lebensenergie. Um diesen Zustand zu verbergen, rettet er sich oft in intellektuelle Überheblichkeit, wird auch mal zynisch und nicht selten verletzend.
Aber nicht nur deshalb ist es für jemanden, der unter dem Zwillingemond geboren wurde, besonders wichtig, nicht nur zwischen Verstand und Gefühl hin und her zu pendeln, sondern beide Bereiche als Einheit zu akzeptieren und sich dazu zu bekennen. Dieses Zu-sich-selbst-Finden wird erleichtert, wenn es dem Zwillingemond-Geborenen hin und wieder gelingt, bewusst Pausen der Ruhe und der Besinnung einzulegen sowie Verbindlichkeiten einzugehen und auch einzuhalten.

Wenn der Geburtsmond im Krebs stand

+ *Gefühlvoll, hilfsbereit, kreativ*
– *Besitzergreifend, launisch, unselbstständig*

Fürsorglich, voller Sanftmut und mit großer Gefühlstiefe begegnen uns in der Regel die Menschen, bei deren Geburt der Mond im Krebs stand.

In ihrer Sicht der Welt wie in ihren Beziehungen zu anderen Menschen lassen sich die unter dem Krebsmond Geborenen zuallererst von ihren Emotionen lenken. Sie haben geradezu eine »Antenne« für die Probleme und Bedürfnisse anderer, und sie sind jederzeit bereit, ihre ganze Fürsorge in die Waagschale zu legen, um ihren Mitmenschen Hilfe, Schutz und Sicherheit zu geben. Ein solches Verhalten erscheint selbstlos, ist es aber nicht unbedingt. Krebsmond-Geborene verstehen es auf diese Weise, andere Menschen für sich zu gewinnen, zuweilen auch, um von ihnen Besitz zu ergreifen, sie von sich regelrecht abhängig zu machen.

Nicht selten verfügen Krebsmond-Geborene über eine ausgeprägte Begabung für kreative Tätigkeiten, vor allem im künstlerischen Bereich. Ihre lebhafte Phantasie befähigt sie dazu, ungewöhnlichen Ideen Gestalt zu verleihen. Allerdings sind ihre Ansichten oft sehr eigenwillig, und sie wirken bisweilen sehr launenhaft.

Weil der Krebsmond-Geborene seine Lebensziele stets nur in Verbindung mit anderen Menschen sucht, gerät er immer wieder in Konflikte, wenn seine Liebe und Fürsorge ignoriert oder sogar abgelehnt wird. Dann gewinnen Verlustängste und Selbstzweifel an Bedeutung, die nicht selten dazu führen, dass sich der auf diese Weise Verschmähte in eine Scheinwelt flüchtet, in der er sich als verlassenes Kind erlebt.

Zweifellos besitzt der Krebsmond-Geborene die Fähigkeit, anderen Menschen von einer selbstbewussteren Position aus zu begegnen und seine Gefühle so auszudrücken, dass sie von anderen ohne den Eindruck, verpflichtet zu sein, erkannt und angenommen werden. Daher sollte er es lernen, mehr auf sich selbst zu vertrauen und Anerkennung nicht nur von anderen zu erwarten.

Special: Der Geburtsmond

Wenn der Geburtsmond im Löwen stand

\+ *Großzügig, optimistisch, beständig*
– *Überheblich, eitel, unbeherrscht*

Großmut, Lebensfreude und selten versiegender Optimismus sind die grundlegenden Charaktereigenschaften der unter dem Löwemond geborenen Menschen.
Es ist das offene Wesen, ihre herzliche Art und die Großzügigkeit, die Löwemond-Geborene in der Gemeinschaft so beliebt und gewinnend machen. Mit ihrer Fröhlichkeit und ihrem intelligenten Humor prägen sie die Atmosphäre und werden leicht zum Mittelpunkt einer Gruppe. Diese Rolle scheint den Löwemond-Geborenen auch angemessen, und sie sind bereit, darum zu kämpfen; so lassen sie nichts unversucht, um ihre Bedeutung herauszustreichen, ihre Unentbehrlichkeit unter Beweis zu stellen.
Man könnte denken, dass dahinter zuweilen ein übertriebenes Selbstwertgefühl steckt, das sich in den Vordergrund drängt. Bleiben ihnen aber Aufmerksamkeit, Anerkennung und Bewunderung versagt, leiden sie außerordentlich darunter. Das Gefühl, nicht geliebt zu werden, ist für sie fast unerträglich, und sie werden alles daran setzen, wieder die ihnen angemessen erscheinende Rolle spielen zu können.
Haben sie ihren Platz gefunden, sind Löwemond-Geborene von großer Beständigkeit. Abwechslung und ständige Veränderung bedeuten ihnen nicht viel, lieber halten sie an Gewohntem fest und genießen in Ruhe, was ihnen das Leben zu bieten hat. Aus der Ruhe bringt sie Kritik, auf die sie empfindlich und bisweilen auch aggressiv reagieren, selbst wenn sie konstruktiv ist. Zur Selbstkritik sind sie kaum in der Lage; fühlen sie sich unverstanden, suchen sie die Schuld vorzugsweise bei anderen und ziehen sich schmollend zurück. Um ihre so wertvollen und zugleich so widersprüchlichen Persönlichkeitseigenschaften positiv umsetzen zu können, sollten Löwemond-Geborene lernen, sich selbst nicht zu wichtig zu nehmen, und immer wieder versuchen, sich in die Gefühlswelt anderer Menschen hineinzuversetzen.

Wenn der Geburtsmond in der Jungfrau stand

+ *Verständnisvoll, hilfsbereit, ordentlich*
– *Unbeweglich, ängstlich, verletzlich*

Sehr vernunftbetont, mit beherrschten Gefühlen, aber voller Verständnis und Fürsorge – so begegnen uns Menschen, die unter dem Einfluss des Jungfraumondes geboren sind.
Mit ihrer ruhigen, zurückhaltenden Wesensart bringen sie anderen Menschen viel Verständnis entgegen, sind fürsorglich und hilfsbereit. Dabei bleiben sie realistisch, immer auf dem sicheren Boden der Tatsachen und scheuen sich, ihre tiefen Empfindungen zu offenbaren. Große Gefühle, zu denen sie durchaus fähig sind, halten sie möglichst unter Kontrolle, um stets die Übersicht zu behalten und die Dinge einschätzen und ordnen zu können.
Nützlich zu sein ist den Jungfraumond-Geborenen ein Grundbedürfnis. Dabei konzentrieren sie sich auf das Praktische, das Machbare, das Überschaubare. Finden sie unter diesen Bedingungen eine Aufgabe, sind sie unermüdlich und lassen nicht locker, bis alles in Ordnung gebracht ist. Ihr Pflichtgefühl wird nur noch von ihrer Zuverlässigkeit übertroffen. Weniger erfolgreich sind sie, wenn es darum geht, sichere Positionen zu verlassen und mutig Neues zu wagen. In solchen Situationen hindert sie dann letztlich ihr Hang zum Perfektionismus und der Mangel an Spontaneität daran, sich auch einmal auf ein Risiko einzulassen.
So sehr ihre Fähigkeit geschätzt wird, den Dingen auf den Grund zu gehen und die Lage sachlich einzuschätzen, so wenig wird ihr zuweilen auftretender Hang zur Kleinlichkeit, zur Nörgelei und zum Pessimismus Begeisterung hervorrufen. Um sich mit ihren Stärken in ein sinnerfülltes Leben einzubringen, sollten Jungfraumond-Geborene versuchen, von Zeit zu Zeit aus den einengenden Strukturen ihres geordneten Daseins auszubrechen und dem Unerwarteten, der Veränderung Raum zu geben. Wenn sie es zulassen, den »wind of change« zu spüren, können sie neue Ufer erreichen und werden spüren, dass das Glück etwas ist, das man nur findet, wenn man auch danach sucht.

Special: Der Geburtsmond

Wenn der Geburtsmond in der Waage stand

+ *Nach Harmonie suchend, kontaktfreudig, schöngeistig*
– *Empfindlich, weltfremd, konfliktscheu*

Der Wunsch nach Frieden und Harmonie in der Gemeinschaft mit anderen prägt die Grundcharaktereigenschaften der Menschen, deren Geburtsmond in der Waage stand.
Stets auf Ausgleich bedacht, bringen sich Waagemond-Geborene mit viel Charme in ihre Umwelt ein, immer bemüht, das Zusammengehörigkeitsgefühl zu stärken und Gegensätze zwischen den Mitmenschen abzubauen. Gelingt das, sind sie zufrieden, stoßen sie auf Widerstände, kann es geschehen, dass sie überkritisch oder sogar aggressiv reagieren und das Wirgefühl geradezu herbeizwingen wollen.
Hervorzuheben ist die Fähigkeit der Waagemond-Geborenen, die Dinge von verschiedenen Seiten zu betrachten, das Für und Wider sorgfältig abzuwägen und dann nach perfekten Lösungen zu suchen. Da dies nicht immer auf Anhieb gelingen kann, wird ihnen zuweilen eine gewisse Unentschlossenheit nachgesagt, was aber meist nicht den Kern ihres Wesens trifft. Es handelt sich eher um den Wunsch, immer den goldenen Mittelweg zu finden. Wichtig ist es für Waagemond-Geborene, dass sie das Gefühl vermittelt bekommen, geschätzt und anerkannt, ja bewundert zu werden. Dann scheuen sie keine Mühe, die ihnen entgegengebrachte Wertschätzung auch zu rechtfertigen.
In ihrem Bestreben nach Ausgleich und Harmonie stellen Waagemond-Geborene oft ihre eigenen Wünsche und Gefühle zurück, weichen notwendigen Konflikten aus und wollen die Realität manchmal nicht wahrhaben. Was und wie andere denken und fühlen, ist ihnen wichtiger, als ihre eigene Befindlichkeit auszuleben.
Um sich ständig wiederkehrende Enttäuschungen zu ersparen und der Suche nach dem Positiven einen realen Sinn zu geben, sollten sie bemüht sein, der ungeschönten Wirklichkeit zu begegnen und sich zwischenmenschlichen Konflikten zu stellen sowie gelegentlich auch gegen die Interessen anderer durchzusetzen.

Wenn der Geburtsmond im Skorpion stand

+ *Gefühlvoll, leidenschaftlich, beständig*
– *Verschlossen, ängstlich, starrsinnig*

Sehr tiefe, intensive und leidenschaftliche Gefühle kennzeichnen die Charaktereigenschaften eines Menschen, der unter dem Skorpionmond das Licht der Welt erblickte.
Weil sie selbst von Gefühlen beherrscht sind, haben Skorpionmond-Geborene die Gabe, hinter die Fassade ihrer Mitmenschen zu blicken und bis auf den Grund der Seele anderer Menschen schauen zu können – und zuweilen natürlich auch in deren Abgründe.
Diese Stärke kann auch eine Schwäche sein. Einerseits gibt ihnen diese Fähigkeit die Möglichkeit, den anderen in seinen Gefühlen zu bestärken oder ihn zu heilen, wenn dessen Gefühle verletzt wurden. Andererseits besteht durchaus die Gefahr, dass Skorpionmond-Geborene ihre intime Kenntnis dazu benutzen, die Gefühle der Mitmenschen zu manipulieren oder gar zu missbrauchen.
Der Skorpionmond-Geborene fühlt sich immer dann in seinem Element, wenn er sich mit seiner Tätigkeit, mit seinen Kollegen und auch mit seinen Vorgesetzten auf emotionaler Ebene auseinandersetzen kann. Rein sachliche, bloß geschäftsmäßige Beziehungen sind ihm eher fremd – und doch flüchtet er sich zuweilen in solche ungeliebten Beziehungen. Das geschieht immer dann, wenn er befürchten muss, seine eigenen Gefühle zu zeigen. Im Wissen um die Macht der Emotionen hat er Angst, sich auszuliefern, verwundet zu werden, die Distanz zu verlieren.
Damit der Skorpionmond-Geborene mit seiner intensiven Gefühlswelt letztlich in der Wirklichkeit gut bestehen kann, ist es notwendig, dass er lernt, Vertrauen zu stiften und selbst Vertrauen zu entwickeln, sich gleichsam auch einmal ganz auszuliefern und hinzugeben. Dann wird er beglückt erleben, dass Vertrauen Stärke bedeutet und nicht Hilflosigkeit.
Außerdem sollte er akzeptieren, dass auch negative Gefühle wie Neid und Hass zu ihm gehören, dass man allerdings lernen kann und muss, damit rational umzugehen.

Special: Der Geburtsmond

Wenn der Geburtsmond im Schützen stand

\+ *Aufgeschlossen, großzügig, tolerant*
– *Überheblich, ungeduldig, wirklichkeitsfremd*

Großer Enthusiasmus, überschwängliche Gefühle und Aufgeschlossenheit für alles Neue sind grundlegende Charaktermerkmale aller, deren Geburtsmond im Schützen stand.

Sie erscheinen als glückliche Menschen, die andere leicht gewinnen und für ihre Ziele begeistern können. Dazu trägt auch bei, dass sie tief im Innern von sich überzeugt sind und sehr selten an dieser Überzeugung Zweifel aufkommen lassen. Schützemond-Geborene lieben das Abenteuer, sie sind immer auf der Suche nach Neuem und Unbekanntem.

So sehr Schützemond-Geborene andere Menschen überzeugen und beeinflussen wollen, so vorsichtig sind sie doch, wenn es darum geht, sich festzulegen oder gar zu binden. Ihre Freiheit und Unabhängigkeit lassen sie sich nicht nehmen. Was Pläne und Projekte angeht, so sind bei deren Ausarbeitung Schützemond-Geborene kaum zu übertreffen. Wenn es aber an die Verwirklichung, um Problemlösungen, um konkrete Termine und Verpflichtungen geht, dann fällt es ihnen schon viel schwerer, Farbe zu bekennen.

Manchmal steckt unter der fröhlich-optimistischen Fassade des Schützemond-Geborenen allerdings ein Mensch, dessen Selbstwertgefühl nicht immer so groß ist, wie es nach außen hin scheint. Dann kommt es vor, dass er diese Unsicherheit überspielt, indem er seinem Gegenüber mit schwer zu ertragender Überheblichkeit entgegentritt. Es fällt anderen oft nicht leicht, dies richtig zu deuten, weil es kaum gelingt, die wirkliche Befindlichkeit eines Schützemond-Geborenen zu entdecken. So bleibt manchmal der Eindruck eines eher oberflächlichen Menschen. Gefühle, auch negative, bei sich und anderen zuzulassen kann da eine wichtige Aufgabe für einen Schützemond-Geborenen sein, der an der Stabilisierung seiner Persönlichkeit arbeiten will. Dazu gehört auch das Bemühen, einmal Angefangenes zu beenden und selbstkritisch zu bewerten.

Wenn der Geburtsmond im Steinbock stand

\+ *Ordentlich, ernsthaft, realistisch*
– *Verschlossen, misstrauisch, ängstlich*

Beständigkeit und große Ernsthaftigkeit sind die herausragenden Charaktereigenschaften der Menschen, deren Geburtsmond unter dem Einfluss des Steinbocks stand.
Sie wissen, was sie wollen, und sie gehen Schritt für Schritt vor, um es am Ende auch zu erreichen. Vernunft und Zielstrebigkeit, dazu Disziplin und Verantwortungsgefühl – das schätzt man an ihnen, und das setzen sie auch ein, um andere Menschen zu beeindrucken. Es kann aber durchaus sein, dass dabei Romantik und Lebensfreude etwas zu kurz kommen, doch die Steinbockmond-Geborenen schätzen nun einmal das Reale über alles. Ihre tiefen Gefühle schützen sie meistens mit einem Panzer aus kühler Zurückhaltung, denn sie wissen sehr wohl, wie verletzlich ihre im Grunde sanfte und liebevolle Seele ist. Nur wer sich ihr Vertrauen – nach oftmals sehr, sehr langer Zeit – endgültig erworben hat, dem offenbaren sie auch ihre geheimen Wünsche und Sehnsüchte.
Innere Sicherheit findet der Steinbockmond-Geborene in geordneten Verhältnissen: Regeln, Rituale, feste Strukturen engen ihn nicht ein, sie geben ihm Halt. Nichts ist schlimmer für ihn als das Gefühl, nicht gebraucht zu werden. Hat er aber Verantwortung übernommen bzw. wurde sie ihm übertragen, dann geht er mit aller Konsequenz vor. Das bedeutet auch, dass er Macht, die er über andere Menschen hat, auch ausübt und manchmal auch ausnützt. Hat er erst einmal die Führung übernommen, fällt es ihm schon sehr schwer, sie wieder abzugeben.
Für einen Steinbockmond-Geborenen kann es hilfreich sein, den schönen Dingen des Lebens – der Kunst, dem Sport, der Spiritualität – mehr Aufmerksamkeit zu widmen. Das wäre nämlich ein sehr guter Weg, seine Emotionen leichter auszuleben und dadurch zu lernen, dass man sich seiner Gefühle nicht zu schämen braucht. Zudem kann er somit leichter erfahren, dass man auf diese Weise einen Weg zu anderen Menschen findet.

Special: Der Geburtsmond

Wenn der Geburtsmond im Wassermann stand

\+ *Stolz, tolerant, verständnisvoll*
– *Unnahbar, launisch, überempfindlich*

Es ist schwer, Gefühlswelt und Charakter der Wassermannmond-Geborenen auf einen Nenner zu bringen. Stolz, zuweilen unnahbar, verbergen sie ihre Gefühle und erwecken oft den Eindruck, an nichts und niemandem Anteil zu nehmen. Doch dieser Eindruck trügt meist – oft verbirgt sich hinter der kühlen Maske ein verständnisvoller Mensch, der Verantwortung für sein Umfeld trägt.
Lebhafte Emotionen, gar Gefühlsausbrüche wird man bei Menschen, deren Geburtsmond im Wassermann stand, nur ganz selten erleben. Sie wirken nicht nur distanziert, nein, sie bleiben auch tatsächlich immer ein wenig auf Distanz, trennen konsequent Berufliches und Privates, meiden allzu große Nähe, auch bei Menschen, die ihnen vertraut sind.
In diesem Zusammenhang verwundert es auch nicht, dass Wassermannmond-Geborene nicht das Zentrum der Gruppe oder der Gesellschaft suchen, sondern stets einen Rückzugsraum im Auge haben, um sich von allzu viel Nähe zu erholen. Dass sie lieber ihren eigenen Weg gehen, als sich dem Mainstream anzuschließen, ist gewiss kein Fehler.
Originelle Ideen und eigenwillige Ansichten sind ihnen eher zu eigen als allgemeine und konventionelle Auffassungen. Wird diese Individualität von anderen anerkannt, geht es Wassermannmond-Geborenen gut, und sie werden sich umso stärker engagieren. Mit Kritik an ihren Ansichten und auch an ihrer Art, sich zu geben, können sie allerdings nur schwer umgehen. Wird diese Kritik zu massiv, dann kann es geschehen, dass sie sich wieder zurückziehen. Der Individualist wird dann zum Einzelgänger, seine Einmaligkeit kann in die Einsamkeit münden. Damit Wassermannmond-Geborene ihre Lebensziele erfolgreich verwirklichen können, sollten sie lernen, eine ausgewogene Balance zwischen Distanz und Nähe zu finden. Das wird ihnen umso besser gelingen, wenn sie ihren Wünschen nach liebevoller Zuwendung und Intimität nachgeben.

Wenn der Geburtsmond in den Fischen stand

\+ *Intuitiv, verständnisvoll, geduldig*
– *Angepasst, leicht zu beeinflussen, weltfremd*

Selbstlosigkeit, grenzenlose Hingabe und eine ausgeprägte Neigung zum Übersinnlichen prägen die Gefühlswelt der Menschen, deren Geburtsmond von dem Tierkreiszeichen Fische beeinflusst wurde.
Das Bedürfnis, für andere da zu sein, sie zu umsorgen, sie zu schützen, gehört für den Fischemond-Geborenen zu den wichtigsten Lebensmotiven. Das ist für ihn und den Umsorgten beglückend, birgt aber für den Fischemond-Geborenen die Gefahr, dass er sich einerseits bis zur Selbstaufgabe anpasst und andererseits den Einflüssen dessen, den er umsorgt, erliegt. Damit kann aber aktive Anteilnahme zum passiven Dulden werden, Selbstlosigkeit zur Selbstverleugnung führen.
Was sie geben, möchten sie auch empfangen – Fischemond-Geborene sehnen sich nach menschlicher Nähe, zärtlicher Liebe und sicherer Geborgenheit. Finden sie diese, erblühen sie mit der ganzen Fülle ihrer romantischen und uneigennützigen Gefühle. So verhalten sie sich auch in einer Partnerschaft voller Hingabe und haben oft die Sehnsucht, in dem geliebten Menschen aufzugehen, mit ihm zu verschmelzen. Für dieses Ziel opfern sie sich auf.
Müssen sie diese Gefühle aber unterdrücken, weil sie von Kälte und rationaler Geschäftigkeit umgeben sind, ziehen sie sich aus dieser Realität zurück – manchmal in eine eigene, kreative Welt, manchmal auch in Depressionen, die sich dann leider zur Krankheit auswachsen können.
Damit sie ihre wertvollen Fähigkeiten in erfüllender Weise einsetzen können, ist es für Fischemond-Geborene wichtig, sich immer wieder einmal auf sich selbst zu besinnen, ihre eigenen Wünsche und Bedürfnisse zu erspüren und zu befriedigen. Das verleiht nämlich die notwendige physische und emotionale Stärke, die sie brauchen, um anderen wirklich zu helfen. Gefragt sind auch Realitätssinn sowie die Anerkennung von eigenen Schwächen und Fehlern.

Die Monatsübersichten 2023

Januar

1 So	Neujahr	52. Woche
2 Mo		1. Woche
3 Di		
4 Mi		
5 Do		
6 Fr	Heilige Drei Könige	
7 Sa		
8 So		
9 Mo		2. Woche
10 Di		
11 Mi		
12 Do		
13 Fr		
14 Sa		
15 So		
16 Mo		3. Woche
17 Di		
18 Mi		
19 Do		
20 Fr		
21 Sa		
22 So		
23 Mo		4. Woche
24 Di		
25 Mi		
26 Do		
27 Fr		
28 Sa		
29 So		
30 Mo		5. Woche
31 Di		

Februar

1 Mi		
2 Do	Mariä Lichtmess	
3 Fr		
4 Sa		
5 So		
6 Mo		6. Woche
7 Di		
8 Mi		
9 Do		
10 Fr		
11 Sa		
12 So		
13 Mo		7. Woche
14 Di	Valentinstag	
15 Mi		
16 Do		
17 Fr		
18 Sa		
19 So		
20 Mo	Rosenmontag	8. Woche
21 Di	Fastnacht	
22 Mi	Aschermittwoch	
23 Do		
24 Fr		
25 Sa		
26 So		
27 Mo		9. Woche
28 Di		

März

Tag		Hinweis	Woche
1	Mi		
2	Do		
3	Fr		
4	Sa		
5	So		
6	Mo		10. Woche
7	Di		
8	Mi	Internationaler Frauentag	
9	Do		
10	Fr		
11	Sa		
12	So		
13	Mo		11. Woche
14	Di		
15	Mi		
16	Do		
17	Fr		
18	Sa		
19	So	Josefitag	
20	Mo	Frühlingsanfang	12. Woche
21	Di		
22	Mi		
23	Do		
24	Fr		
25	Sa		
26	So	Beginn der Sommerzeit	
27	Mo		13. Woche
28	Di		
29	Mi		
30	Do		
31	Fr		

April

Tag		Hinweis	Woche
1	Sa		
2	So	Palmsonntag	
3	Mo		14. Woche
4	Di		
5	Mi		
6	Do	Gründonnerstag	
7	Fr	Karfreitag	
8	Sa		
9	So	Ostersonntag	
10	Mo	Ostermontag	15. Woche
11	Di		
12	Mi		
13	Do		
14	Fr		
15	Sa		
16	So		
17	Mo		16. Woche
18	Di		
19	Mi		
20	Do		
21	Fr		
22	Sa		
23	So	Welttag des Buches	
24	Mo		17. Woche
25	Di		
26	Mi		
27	Do		
28	Fr		
29	Sa		
30	So	Walpurgisnacht	

Die Monatsübersichten 2023

Mai

1 Mo	Maifeiertag	18. Woche
2 Di		
3 Mi		
4 Do		
5 Fr		
6 Sa		
7 So		
8 Mo		19. Woche
9 Di	Europatag	
10 Mi		
11 Do		
12 Fr		
13 Sa		
14 So	Muttertag	
15 Mo		20. Woche
16 Di		
17 Mi		
18 Do	Christi Himmelfahrt	
19 Fr		
20 Sa		
21 So		
22 Mo		21. Woche
23 Di		
24 Mi		
25 Do		
26 Fr		
27 Sa		
28 So	Pfingstsonntag	
29 Mo	Pfingstmontag	22. Woche
30 Di		
31 Mi		

Juni

1 Do		
2 Fr		
3 Sa		
4 So		
5 Mo	Tag der Umwelt	23. Woche
6 Di		
7 Mi		
8 Do	Fronleichnam	
9 Fr		
10 Sa		
11 So		
12 Mo		24. Woche
13 Di		
14 Mi		
15 Do		
16 Fr		
17 Sa		
18 So		
19 Mo		25. Woche
20 Di		
21 Mi	Sommeranfang	
22 Do		
23 Fr		
24 Sa	Johannistag	
25 So		
26 Mo		26. Woche
27 Di	Siebenschläfer	
28 Mi		
29 Do		
30 Fr		

Juli

1 Sa	
2 So	
3 Mo	27. Woche
4 Di	
5 Mi	
6 Do	
7 Fr	
8 Sa	
9 So	
10 Mo	28. Woche
11 Di	
12 Mi	
13 Do	
14 Fr	
15 Sa	
16 So	
17 Mo	29. Woche
18 Di	
19 Mi	
20 Do	
21 Fr	
22 Sa	
23 So	
24 Mo	30. Woche
25 Di	
26 Mi	
27 Do	
28 Fr	
29 Sa	
30 So	
31 Mo	31. Woche

August

Tag	
1 Di	Nationalfeiertag der Schweiz
2 Mi	
3 Do	
4 Fr	
5 Sa	
6 So	
7 Mo	32. Woche
8 Di	
9 Mi	
10 Do	
11 Fr	
12 Sa	
13 So	
14 Mo	33. Woche
15 Di	Mariä Himmelfahrt
16 Mi	
17 Do	
18 Fr	
19 Sa	
20 So	
21 Mo	34. Woche
22 Di	
23 Mi	
24 Do	
25 Fr	
26 Sa	
27 So	
28 Mo	35. Woche
29 Di	
30 Mi	
31 Do	

Die Monatsübersichten 2023

September

1 Fr		
2 Sa		
3 So		
4 Mo		36. Woche
5 Di		
6 Mi		
7 Do		
8 Fr		
9 Sa		
10 So		
11 Mo		37. Woche
12 Di		
13 Mi		
14 Do		
15 Fr		
16 Sa		
17 So	Eidgenössischer Bettag	
18 Mo		38. Woche
19 Di		
20 Mi	Weltkindertag	
21 Do		
22 Fr		
23 Sa	Herbstanfang	
24 So		
25 Mo		39. Woche
26 Di		
27 Mi		
28 Do		
29 Fr		
30 Sa		

Oktober

1 So	Erntedankfest	
2 Mo		40. Woche
3 Di	Tag der Deutschen Einheit	
4 Mi	Welttierschutztag	
5 Do		
6 Fr		
7 Sa		
8 So		
9 Mo		41. Woche
10 Di		
11 Mi		
12 Do		
13 Fr		
14 Sa		
15 So	Kirchweihfest	
16 Mo		42. Woche
17 Di		
18 Mi		
19 Do		
20 Fr		
21 Sa		
22 So		
23 Mo		43. Woche
24 Di		
25 Mi		
26 Do	Nationalfeiertag Österreichs	
27 Fr		
28 Sa		
29 So	Ende der Sommerzeit	
30 Mo		44. Woche
31 Di	Reformationsfest Halloween	

November

1 Mi		Allerheiligen	
2 Do		Allerseelen	
3 Fr			
4 Sa			
5 So			
6 Mo			45. Woche
7 Di			
8 Mi			
9 Do			
10 Fr			
11 Sa		Martinstag	
12 So			
13 Mo			46. Woche
14 Di			
15 Mi			
16 Do			
17 Fr			
18 Sa			
19 So		Volkstrauertag	
20 Mo			47. Woche
21 Di			
22 Mi		Buß- und Bettag	
23 Do			
24 Fr			
25 Sa			
26 So		Totensonntag	
27 Mo			48. Woche
28 Di			
29 Mi			
30 Do			

Dezember

1 Fr			
2 Sa			
3 So		1. Advent	
4 Mo		Barbaratag	49. Woche
5 Di			
6 Mi		Nikolaustag	
7 Do			
8 Fr		Mariä Empfängnis	
9 Sa			
10 So		2. Advent	
11 Mo			50. Woche
12 Di			
13 Mi			
14 Do			
15 Fr			
16 Sa			
17 So		3. Advent	
18 Mo			51. Woche
19 Di			
20 Mi			
21 Do			
22 Fr		Winteranfang	
23 Sa			
24 So		4. Advent, Heiligabend	
25 Mo		1. Weihnachtstag	52. Woche
26 Di		2. Weihnachtstag	
27 Mi			
28 Do			
29 Fr			
30 Sa			
31 So		Silvester	